あるがままに生きる

足立幸子

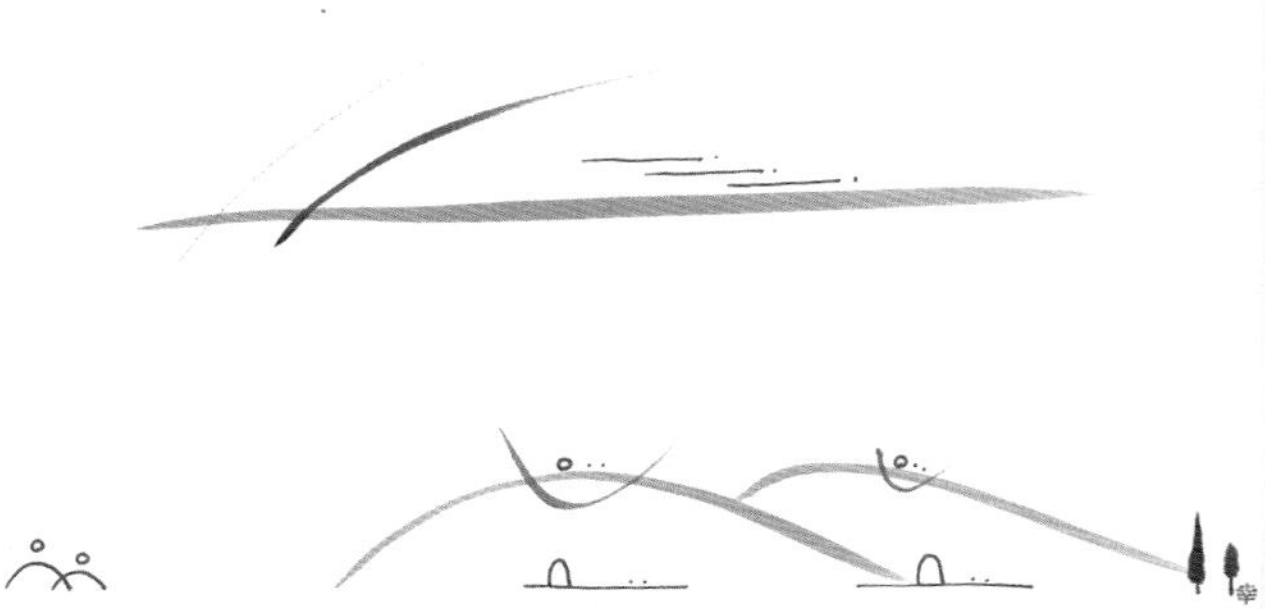

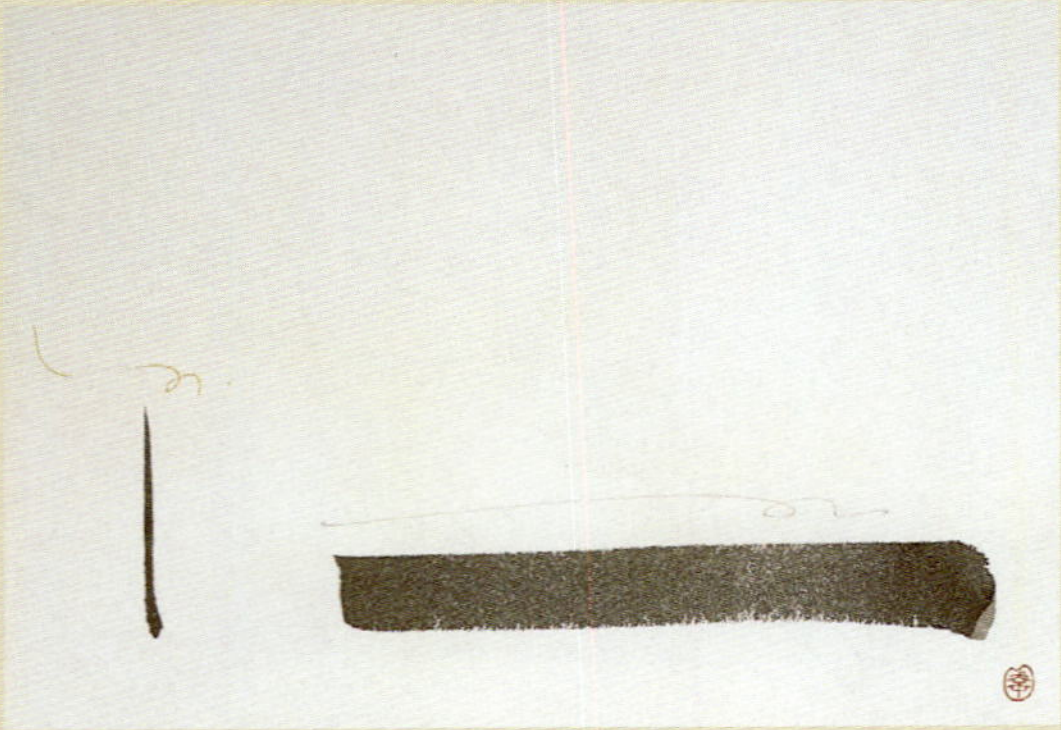

究極の宇宙意識

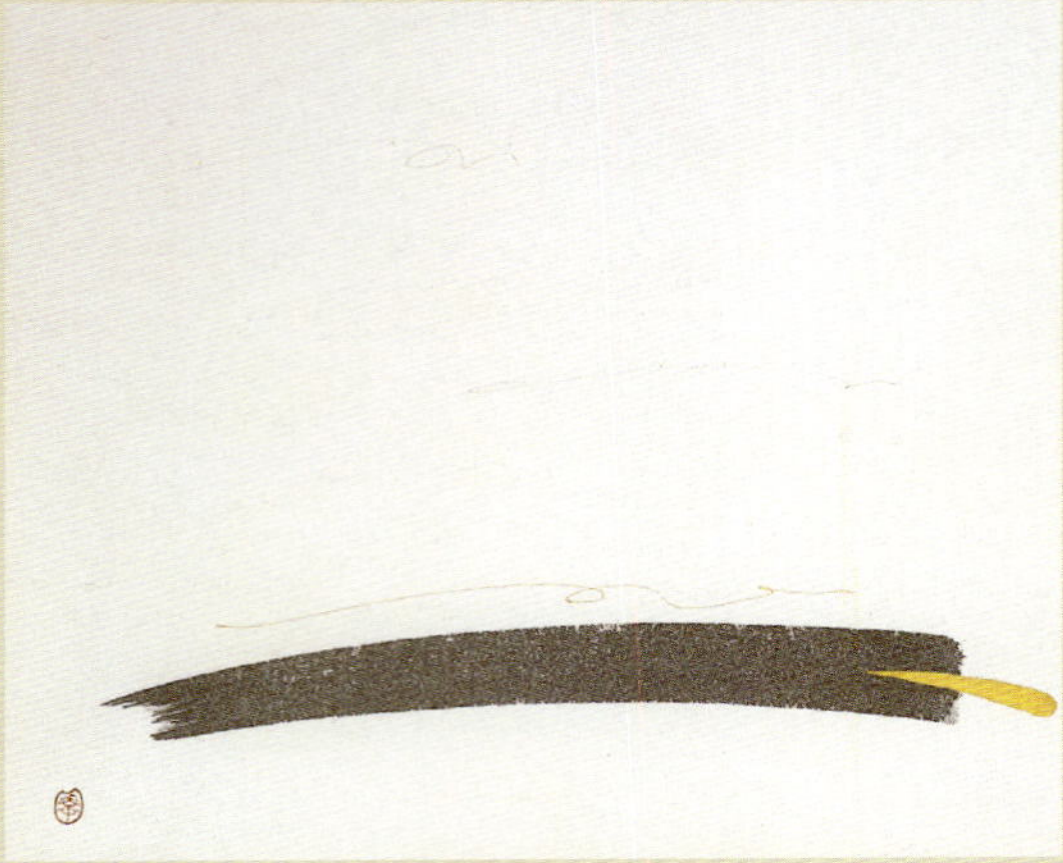

究極の宇宙意識

CDジャケット

再刊行にあたって

本書は一九九四年六月二〇日に（※1）故あって、形態波動エネルギー研究所から発刊されたものです。その後七賢出版株式会社様が十五年間にわたり刊行し続けて下さり、大勢の方々にご愛読いただいてまいりましたが、諸般の事情により本年（二〇〇九年）二月をもちまして絶版となりました。そしてその件に関しまして、幾人もの方々からお問合せ等をいただき、私どもでも再版の検討をさせていただいている最中に、本書がこの節、今までにもまして大事な役割をすることが出来るのではないかと受けとめて下さいました株式会社ナチュラルスピリット様が、この度改めて発刊して下さる運びとなりました。

そこで、現時点での振動波が初版当時と同様の役割が出来ますよう（※2）ＦＡＬＦ（ファルフ）の本として生き生きと甦るべく、内容は以前と全く同様ですが口絵の一部と表紙のデザインの一部を変更させていただきました。

又、今この時期に、妹幸子の（※3）D.K.EXA PIECOよりメッセージがあり、「あるがままに生きる」に共鳴して下さる方は大勢いらっしゃいますが、残念ながら、それを実践されている方があまりにも少ないことをくり返し発振してきております。ご本人は全てに実践していると思っていらっしゃいますが、実は自分に不都合な事は例外にしておかれ、実践しているつもりになっている例が非常に多いことも発振してきております。この折に私達一人々々が改めて自覚しなおし真の実践をする機会として、本書をもう一度是非生かしていただけることを切にお願いする次第です。

最後にこの様な機会をご提供下さいました、株式会社ナチュラルスピリット様を始め、全てのご協力下さいました関係者の皆様に心から感謝申し上げます。

平成二十一年四月十六日

形態波動エネルギー研究所

足立育朗

※1　本文「あとがき」参照

※2　甦生化装置

※3　本質の意識と意志

はしがき

姉のようにお慕い申し上げておりました
足立幸子さんが旅立たれ
月日が早巡りました
幸子さんがお伝え下さったお話は
語られた当時よりも今になって
一段と輝きを増しています
幸子さんは世界中を飛び回られ
これからの時代を生きるために必要な種を
蒔いておられたような気が致します
皆様お一人お一人の中で

この種を大事にお育て頂ければ
素晴らしい時代が花開くことと確信しております

誰よりも普通に
誰よりも素敵に
すごされた幸子さんに
胸いっぱいの感謝をこめて

一九九四年六月

中村弘和

目次

あるがままに生きる

あるがままに生きる

この文章は、足立幸子さんが
「一番まとまった講演でした」と言っておられた
大阪での講演（1992年12月）を
出来るだけ忠実に文章化したものです。

地球の波動がどんどんあがってきた

いつもぶっつけ本番ですから何も用意しないで来るのですが、私のお喋りは〔口からデマカセ〕で、出るに任《まか》せて喋るというやり方です。〔デマカセ〕ですが〔デタラメ〕ではなくて、お会いした方々に合わせて、その方々に必要な情報をお伝えしています。ですからその都度違う話になるのですが、次から次に言葉が閃《ひらめ》いてきて、それをただ喋っているだけなのです。

それと、この四年間、私が直観《ちょっかん》だけで生きてきて間違っていなかったという結果が出ていますので、私の体験を交えていつもお話しています。

ですからその時によって、どこから喋り出すかわからないのですが、今日は皆様にお渡ししましたシンボル・マークのことから喋らせていただきます。

これは、数十分前の皆様の瞬間の〔宇宙との調和度〕を描き出したものです。

四〜五年前からこういうことが出来るようになりまして、何千人の方をチェックしてみて間違いないことがわかりました。

意味なく出来るようになったのではないはずですから、皆様のお役に立つのであれば使わせていただこうと思いまして、ご自分がどのくらい宇宙との調和がとれているかを確認していただくために始めました。

私のパターンでは第一段階から第十段階までございまして、その先は〇《まる》になってきます。

そして何重〇《なんじゅうまる》というふうに無限に進んでいき、どんどん波動があがっていきます。

今、地球人の平均は第七段階です。

去年（一九九一年）の前半は第三段階が平均で、後半から第四段階になり、今年の一月くらいから第五段階になり、六月以降に第六段階になり、十月以降は第七段階になりました。

このように、ものすごい勢いで皆様の波動があがっています。

なぜこのようなものすごい勢いで波動があがっているかと言いますと、地球全体の波動があがっているからなのです。

地球という惑星を一つの生命体と考えた場合、一人一人の人間は細胞のようなものですね。

ですから地球全体の波動があがりますと、私達の波動も、いやでもあがらされてしまうのです。

特に素直《すなお》な方はどんどんあがっていきますから、素直というのは本当に良いことだと思います。

先日も、こういうことは何もご存知なく、精神世界の本も一冊もお読みにならず、しっかりと現実のお仕事をしておられる経営者の方が五重○《まる》だったことがありました。

そしてこういう話をすると、その方は「わかります」と言われました。知識がなくても、通じ合えるのですね。

ですから私自身も「ああ、なるほどな」と良い勉強になりました。

世の中に超能力者と言われている方が出ていますが、そういう方など問題にならないくらいものすごい能力を、現実のお仕事に普通に使われて、普通に生活しておられる方もおられるのですね。

色々な知識のある方が、かえってその知識がこだわりになったり、それが邪魔になって波動があがらないこともよくあります。

今の世の中は情報が氾濫していて、それに振り回されて「あれにはこう書いてある。これにはこう書いてある」とどれを信じていいかわからなくなって、なかなか波動があがらない方もおられますね。

個にして全

私のパターンが、どういう考えのもとに出来上がっているかお話します。意識では私達全員はつながっていて、《一つ》なのです。肉体だけ見ていますと〔個〕で、一人一人ばらばらですが、肉体の外側では全員つながっています。

ですから〔意識の上では一つなのだ〕という考えから、〔宇宙意識〕という、一つの大きな意識があると思っていただければいいと思います。（図1参照）

実際は丸《まる》くなっているわけではないのですが、こう考えた方がわかりやすいので丸にします。

ここから無数に光線が出ていて、その一本一本が私達や動物・植物や色々な物質で、それぞれが固有の波動を持っていて、それらはどれ一つとっても、同じ波動のものはありません。例えば今、私が持っている二本のサインマーカーは大量生産されますから、二本を外から見るとまったく同じに見えますが、波動的には違うものです。

なぜなら大量生産されても一度に全部出来るわけではなく、一本一本出来てきますからその間に波動が変わってしまいます。

このように、全てのものは固有の波動を持っているのです。

ですから生物でも、鉱物でも、飲み物でも、食べ物でも、どのくらい宇宙との調和がとれているか、私のパターンでわかります。

例えば、食べ物は添加物が多ければ、当然宇宙と不調和になりますね。

図1　宇宙意識

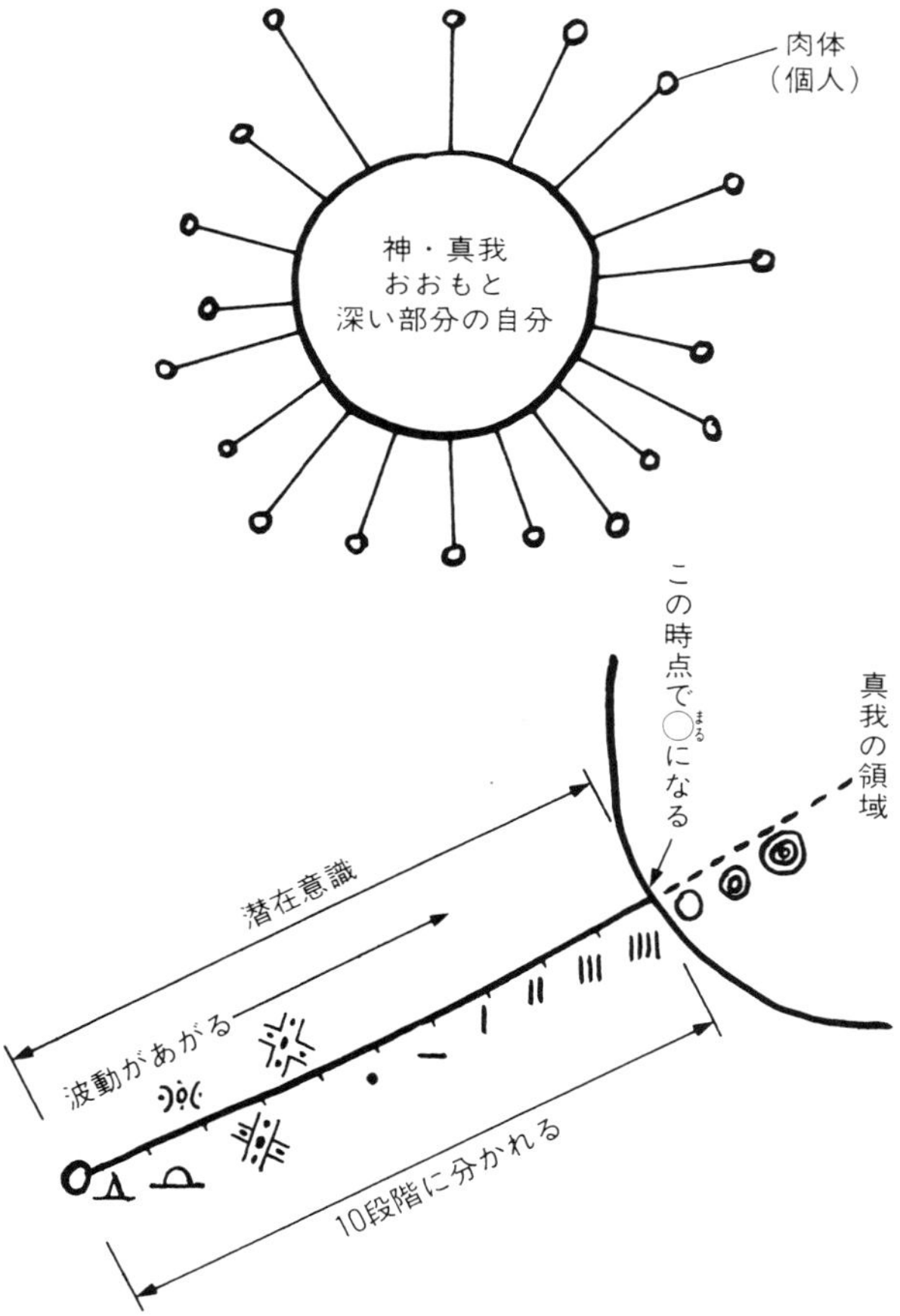

肉体
（個人）
神・真我
おおもと
深い部分の自分
この時点で◯《まる》になる
真我の領域
潜在意識
波動があがる
10段階に分かれる

図の丸の部分は非常に波動の高い所で、〔静かなる波動の海〕と思えばいいでしょう。ここが今まで、私達が〔神〕と呼んでいた部分だと思います。

ここからどんどん波動を落としていきますと、波動が荒くなって物質化して、図の線の先の小さな円の部分に肉体が出来て、ここに皆様のお名前がついているわけですね。

ですから肉体だけ見ていますと〔個〕で、一人一人ばらばらですが、実は《おおもと》では全員つながっていて《一つ》なのです。

私のパターンでは図の線の部分が、十段階に分かれています。そして《おおもと》に入ってきますと、○《まる》になるのです。

《おおもと》は奥が深いですから、無限に波動をあげ続けていくことが出来、これが〔神〕に近づくということだと思います。

図の線の部分が〔潜在意識〕で、大きい円の部分が〔超意識〕と言ってもいいでしょう。

潜在意識の部分は〔個人〕ですが、〔超意識〕の部分はもう〔個人〕ではありません。

これからは、この〔個人〕を越えた、〔全員つながった所の自分〕で生きていく時代なのです。

この《おおもと》に、〔神である我（神我）〕がいると思えばいいでしょう。したがって一人一人、みんな〔神〕なのです。〔神〕という言葉がお嫌いな方は、〔真我（本当の自分）〕と思っていただいても結構です。

これからは《おおもと》が、主導権をとって生きていく時代なのです。

〔真我〕に従って、〔真我〕にお任《まか》せで生きていく時代ですね。

今までは肉体を持った自分だけが、本当の自分だと思っていたのですが、「奥に本当の自分がいるのではないか」と、この頃なんとなく感じておられる方もおられると思います。

これからは、〔本当の自分〕の情報に従って行動に移していきますと、宇宙と調和のとれた結果が出てきます。

なぜなら《おおもと》は、常に調和がとれているからです。

ところが頭はロクなことを考えませんから、こだわって、良い・悪い・好き・嫌いなどと判断して、末端で私達が勝手に不調和を起こしているだけで、《おおもと》の〔自分〕は常に調和がとれているのです。

ですから《おおもと》の情報に従って表現すれば、当然宇宙と調和のとれた結果が出るわけなのですね。

私は自分の絵で、こういうことがわかったのです。

私は今、画家・デザイナーとしてやっておりますが、十年くらい前、ある方に自動書記のやり方を教えていただいて、「面白い世界があるんだな」と思ってどんどん絵を描き出しました。

最初は極彩色で曼陀羅《まんだら》のような絵を描いていましたが、四～五年前に「透明感がない」と言われてものすごいショックを受けました。

でもこういう絵は誰も教えてくれる人がいないので、「透明感のある絵を描くためには、どうすればいいかなぁ」と思っていましたら、「魂を磨くしかない」と閃《ひらめ》いたのです。

魂を取り出して磨けるなら楽なのですが、「どうすれば磨けるのかな」と思っていましたら、また「心をスッキリさせるしかない」と閃いて、それでそちらの方を心掛けるようになりました。

とにかくどんどん〔こだわり・執着〕をとって、〔欲〕の部分をコントロールする作業を始めましたら、みるみる絵に透明感が出てきたのですね。

私には絵という表現体があったので、絵がみんな教えてくれました。私が変わると、絵がガラッと変わりました。

反対に絵がガラッと変わってきたのを見て、私の波動があがったのがわかりました。

私自身の波動がどんどんあがっていきますと、絵から出る波動も強くなることがわかったのですね。

例えば、ダイヤモンドを綺麗にする絵（註1）では、三年前に描いた時は、綺麗になるのにまる一日かかったのですが、今では数分で綺麗になります。

私の波動があがっていなかった昔の絵は非常に複雑で、描き込んで描き込んでという感じのものでした。今は、どんどんシンプルになっています。シンプルになればなるほど、波動が強くなるのです。

地球から遠ざかれば遠ざかるほど、どんどんシンプルになって、地球に近づけば近づくほど具体的な形になっていくみたいです。それをなんとか表現したくて地球上に抽象芸術という表現方法が出来たのだと思います。とにかく地球から離れれば離れるほど波動があがっていって、そして細かい波動を表現すればするほど絵がシンプルになってしまうのです。もう最終的には点になってしまうのではないかと思うくらい、どんどんシンプルになっています。

次にどうして、《おおもとの部分》が常に調和がとれていることがわかったかを、お話します。

私の絵の描き方を見て、皆様は「全体像が見えているのですか」とおっしゃるのですが、私はただ閃くだけなのです。

私は霊能者じゃないので霊感は全然なくて、見えたりきこえたりとかは昔からいっさいないのです。

私は特別感じやすい人間ではなくて普通ですから、「何かの情報がほしいな」と思った時にスイッチをONにしますと、ただ閃いてくるだけなのですね。

ですから「今からこの大きさの紙に、こういうテーマの絵を描く」と瞬間強烈に思って、少しボーッとしていると閃いてきて「こういうのをこの辺に・・・・描くみたい」、そして次にどうするのかなと思うと「こういうのを描くみたい」そうやっていって、何だかわからないのですが閃いた通りに描いていきますと、構図などいっさい考えていないのに調和のとれた絵が出来上がるのです。

図2　足立幸子さんの絵の描き方

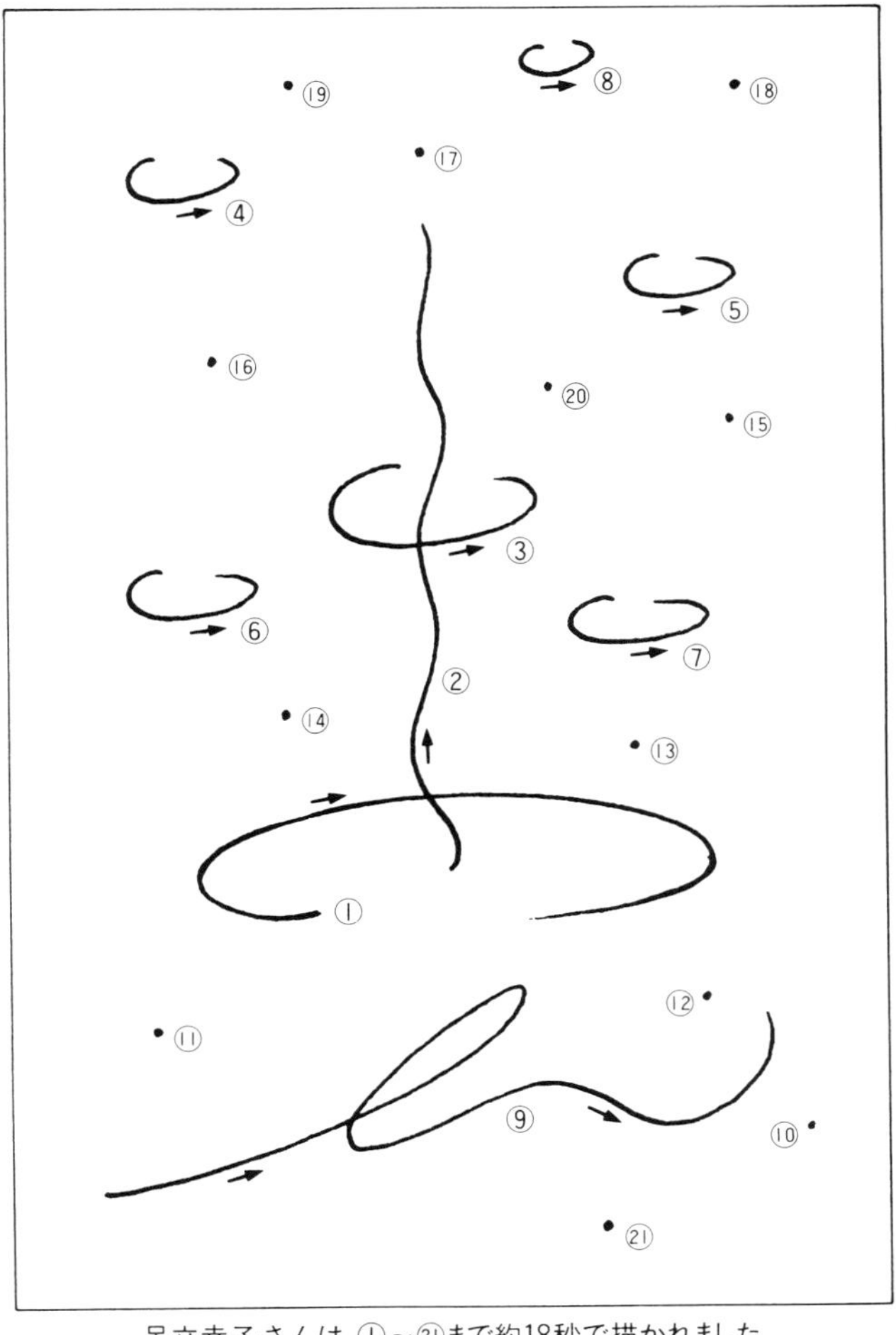

足立幸子さんは、①～㉑まで約18秒で描かれました。

こういうやり方ですから、最後になって、描いてる本人も「こういう絵になったのか」とわかるのですね。

「なぜこういうやり方をすると、調和のとれた絵が描けるのかな」と考えていたのですが、肉体を持った私達は単なる〔媒体〕に徹して、《おおもと》から来る情報に従って、ただただ素直に表現していればいいということがわかりました。

どんな絵を描く時もぶっつけ本番なのですが、なぜかと言いますと私の絵は練習が出来ないからです。

全体像が見えていれば練習も出来るのですが、《おおもと》から情報が入ってきて描くのですから、予《あらかじ》め練習のしようがないのですね。

でも失敗はなくて、何枚描いても調和のとれた絵になり、何枚でも無限に描き出せます。

頭は全然使わないで、ただ〔媒体〕に徹しているだけで、調和のとれたものが生まれてきます。

それで《おおもと》は常に調和がとれていて、それをただ素直に表現すると調和のとれたものが出来上がるということがわかったのです。

しかし私が「うまく描こう」とか欲を出して、〔私〕の判断で描いていきますと、途端にバランスが崩れて波動が落ちて、絵から出る波動が弱くなってしまいますね。


皆様の意識の状態を、なぜ瞬間に描き出せるのかをお話します。

別に霊がついて描かされているわけではないのですね。

私は霊関係の話が大嫌いですから、最初に現象が出てきた時にとにかく科学的に解明しようということで、まず絵を描いている時の脳波（註2）を測りました。

「今からこの紙に、こういうテーマで絵を描く」と一瞬強烈に思った瞬間、θ《シータ》波になっているのです。

θ波になって少しボーッとしていると、「ここに、こういうのを描くみたい」と閃いてくるのです。

そして、〈私〉が「ああ、そうか」と思って納得すると、β《ベータ》波に戻って普通に描くのですね。

「次どうするのかな」と思った瞬間にθ波になり、またボーッとしていると「こう描くみたい」と閃いて、また〈私〉が「ああ、そうか」と思ってβ波に戻って普通に描くわけです。

この繰り返しで、絵になるのですね。

これは瞬間の作業ですから、描いているところを皆様がご覧になれば、普通に描いているようにしか見えないと思います。

ですから手が動いて描かされているというのではなく、脳波をコントロールしていることがわかったのです。

私達の脳波は日常色々と変化し、それを皆様は無意識でやっていらっしゃるのですが、私は意識的にコントロールしているだけなのですね。

《おおもと》で全てがつながっているのでしたら、そこに全ての情報があるとも言えますね。

誰でもリラックスして頭がボーッとしている時には、意識をどこにでも飛ばせますから、「情報がほしい」と思った時にスイッチをONにして《おおもと》に意識を飛ばせばいいわけです。

「意識を飛ばす」と言っていますが、これは言葉上のことで、実は見えない世界には〈時間・空間〉はありませんから、思えば行ってしまう世界なのです。ですから瞬間に、とにかく「《おおもと》に意識を飛ばした」と、ただただ深く思うだけでいいのです。

そうすると、意識は《おおもと》に行ってしまいます。《おおもと》からの情報は、〈閃《ひらめ》き・インスピレイション〉という形で入ってきます。

見えたりきこえたりではなく、閃きだけですね。

声がきこえたりビジョンが見えたりとかは潜在意識の範囲で、もっと深いレベルからの、波動の高い情報は、もう閃きという状態でしか入ってこないと思います。

そして地球全体の波動がかなりあがってきていますから、誰でもが意識を

《おおもと》に飛ばせるのです。

脳波がどうなったかを、いちいち機械で測る必要もありません。

瞬間に、一つの事だけ強烈に思えば、誰でも《おおもと》に意識は行っているると思います。このやり方で、誰でも正しい情報を得られる時が来ています。


私自身が自分で能力開発をしたようなものですから、そのノウハウも皆様にお話しして、皆様に使っていただきたいと思っています。

これからは頭で考える時代ではなく、〔直観・閃き〕の時代です。

知識ではなく、〔知恵〕の時代に入っていきます。

知恵は《おおもと》からの情報ですから、〔直観・閃き〕で入ってくるのです。

今まで〔直観・閃き〕は使っていなかったのでかなり鈍っていますが、その使い方もお話しします。

波動をあげる三つの条件

………その一、あらゆるこだわりを取り除く

波動をあげるにはどうすればよいかとよくきかれるのですが、大事なことが三つあります。

一つは、《あらゆるこだわりを取り除く》ことですね。

お金に対する執着、物に対する執着など、あらゆる〔こだわり〕をどんどん取り除いていくのです。

欲は、全部捨てる必要はないと思います。

これからの〔悟《さと》り〕は、昔のように欲を全部捨てて仙人のようになるのとは違うと思うのです。

なぜかと言いますと、これからは全員が悟る時が来るからです。

ですから欲を全部捨てて、全員で山に籠《こ》もって仙人をやるわけにはいきませんよね。

肉体がある以上、現実に生活して生きていかなければいけないのですから、生きていく上の最低の欲はあっていいと思います。

ですから欲は捨てる必要はなくて、コントロール出来るようにすればいいわけです。

〔必要なだけあればいい〕という生き方に、全員がなればいいのです。

今までは、人の分まで奪っていたわけですよね。

欲はどんどんエスカレートしますから、もっともっと人の分まで奪っていたので、今までは奪い合いの時代になっていたのです。

これからは、〔分かち合いの時代〕に入っていきます。

「私はこれだけあればいいから、あとはあなたがどうぞ」という時代です。

そうすれば争わなくなりますから、戦争もなくなります。

「必要なだけあればいい」と一人一人がなっていきますと、人の物を奪おうとか、人の足を引っぱろうとか、そういう気持ちが起こらなくなってきますから、それが《神意識》を持つということですね。


ですからこれからの〔悟り〕は、神になるわけでなくて、肉体を持ったまま、《神の意識を持つ》ことだと思います。

特別な人になるのではなく、普通になる感じですよね。

そうすると、地上天国の時が来るだろうと言われています。

キリストの再来とか言って、あちこちにいっぱいキリストが出てきているように言われる方もおられますが、これは当然なわけですよ。

キリストとか釈迦というのは、《神意識》を持った人のことを総称して言うようですから、これからは全員がキリストや釈迦になってしまうわけです。

たまたま、イエス・キリストという《神意識》を持った方が昔おられたのですが、これからはみんなが《神意識》を持つのですから、あちこちにキリストや釈迦の再来が出てくるというのは不思議なことではないのです。

波動がどんどんあがっていくということは、《神》に近づくと言えなくはないのですが、そういうふうに考える必要もないようですね。

《おおもと》の波動を、肉体の部分で表現するだけなのです。

そういう意味で、特別な人になるわけではないと、私は言っています。

《神》になるわけではなく、《神意識》を持つだけですね。

波動があがって、より深い部分からの情報が入るようになりますと、閃《ひらめ》きがどんどん多くなります。

《おおもと》からの情報に従って表現すると、今までの地球上の常識では考えられないことが表現できるのです。

これからは肉体を持ったまま、《神》を表現する時代に入ってきています。

《神》は波動エネルギーですから、《おおもと》の波動エネルギーを、肉体を持った自分が地球上で表現する（形に表わす）わけですね。

私は、絵で《神を顕現《けんげん》》しています。

ですからどうってことないですし、特別になるわけでもないのです。

細かい波動を、地球上で、普通に、ご自分のお仕事やご趣味などで、ただただ表現する・形に表わす——これが、《神を顕現》するということなのです。

今年は特に、《神を顕現》する時に入ってきていますね。

スプーンを曲げたりして、ただ現象だけを見せている方がおられますが、スプーンを曲げるだけでは何の意味もありません。

「人間にはこういうすごい力があるんだ」ということを、見せる役割のあった方もおられましたから、今までの時代では現象だけ見せても意味があったのですが、特に今年からは現象だけ見せても意味がないですね。

スプーンが曲がるようなすごい力を、現実の生活に活《い》かしてはじめて意味を持ちます。

今は、現実に活かす時がきていて、それが《神を顕現》することなのです。もう皆様は《神》を顕現お出来になり、現実の生活に活かされる時がきています。

私はたまたま絵で表現していますが、お仕事でも、ご趣味でも、お料理でも、音楽でも、踊りでも、何でもいいのです。

ご自分のお好きなことで、表現されればいいのですね。

セミナーなどでこういうことに気づかれるよりは、ご自分のお得意の分野や、現実におやりになっておられることでお気づきになって、表現される方がずっと自然だと思います。

能力は結果

現象に憧《あこが》れて「私も何か出来るようになりたい」と言われる方がよくおられますが、それは少し違います。

波動がどんどんあがっていったら、いやでも色々な能力が出てきて、色々なことが出来るようになってしまうのです。

能力は、結果なのです。

それを先に能力だけどうにかならないかと、サイキック・パワーなどに憧れる方がおられますが、能力は単に結果にしかすぎません。

波動があがるということは《神》に近づくことになるので、《神》なら何でも出来ますから、結果として色々なことが出来るようになって当たり前ですよね。

私もこんなお喋りが出来るとは、夢にも思っていませんでした。

人前でお喋りするのは大嫌いでしたし、ドキドキしてあがってしまうタイプでしたから、こんなことが出来るなんて考えてもいませんでした。

これも頭で考えて喋っているのでしたら、きっとドキドキすると思いますが、頭はボーッとさせてカラッポで喋っていますから、全然ドキドキもしないでいくらでも喋っていられます。

ですから「忘れたらどうしよう」とか考えたり、あがることもなく、このように普通に喋っていられるのですね。

船井総合研究所会長の船井幸雄先生も言っておられますが、〈能力〉というのは〈コツ〉ですから、〈コツ〉を掴《つか》めばいいわけです。

私は「こういうふうにすればいいですよ」という〈やり方〉はお教え出来ますが、お一人お一人違いますから、あとはご自分でやっていただいて〈コツ〉を掴んでいただくしかありません。

「こうした時に、直観がかなり冴えるな」というふうに、ご自分で現実にやってみて〈コツ〉を掴んで下さい。

「やるには、どうすればよいか」までは今日もお話出来ますが、あとはご自分で行動に移してやっていくしかありません。

波動をあげる三つの条件

……………その二、行動に移す

波動をあげるために大事なことの二つ目は、《行動に移す》ということです。

ただ頭で考えている方は、これからダメなのですね。

知識があって頭で考えているだけの方は、これからどんどん時代の流れに置いていかれます。

とにかく「行動に移したり、表現する」ということが、大変大事になってきます。

形に表わしたり、言葉に出すことも表現しているわけですね。

なぜ表現することが必要なのか、お話します。

肉体の部分でエネルギーを流しますと、《おおもと》の部分からエネルギーが入ってくるのです。

よく全然行動に移さないで「私にもエネルギーが入ってこないかなぁ」と言っている人がおられますが、ただ待っているだけでは入ってきませんよ。

古いエネルギーを肉体の部分に澱《よど》ましておいて「新しいエネルギーが入ってこい」と言っても無理ですから、どんどん行動に移して表現していって、常にカラッポにしておけば、《おおもと》からどんどんエネルギーが入ってくるのです。

《おおもと》には無限にエネルギーがあるのですから、流せば流すほどいくらでも入ってきます。

普通は「表現すれば疲れる」と思われるかもしれませんが、《おおもと》からエネルギーが入るようになれば全然疲れないですよね。

例えば、サイキック・パワーというのは自分の力をかなり使っているようですから限界があるみたいで、使えば疲れます。

でも《おおもと》からのエネルギーは無限に入ってきますから、使えば使うほど、表現すればするほど、元気になってしまいます。

私は《おおもと》から入ってくるエネルギーは〔パワー〕ではなく、〔フォース（FORCE）〕という言葉で表現した方がピッタリだと思います。

〔フォース〕というのは、〔力・破壊〕という意味があります。

《おおもと》から入ってくるエネルギーはものすごく強いですから、破壊するくらいの力があるという感じです。

ですから〔フォース〕が使いこなせるようになればしめたもので、無限にいくらでも入ってきます。


私が以前、自動書記で透明感のない極彩色で曼陀羅《まんだら》のような絵を描いていた頃は、色紙大の絵を三枚描くとお腹がすいてしまったのです。

自分のエネルギーを使っていたからでしょうね。

今は、描けば描くほど元気になってしまいます。

どんどんエネルギーが入ってきますから、肌はツルツルになりますし、熱くて熱くてたまらなくなります。

大きな絵を描く時は、クラクラするくらいエネルギーが入ってきます。

このように宇宙の本質を色々な方法で表現して、エネルギーが入ってきますと、ますます波動があがります。

波動があがるということは波動が細かくなることですから、人間の肌も滑らかに、きめ細かくなるような気がします。

地球人の姿をした宇宙人がいっぱい地球に来ておられるそうですが、すぐに見分けがつくらしいのですね。

とにかく肌が綺麗《きれい》で、ツルツルしているそうです。

こうやって喋っていても、ものすごく元気になります。

皆様がよく私に「三時間も喋って疲れませんか」と言われますが、喋っているとどんどん閃いて、熱くなってきて、三時間くらいあっと言う間に経《た》ってしまいます。

ですからぜひ皆様も《おおもと》からの〔フォース〕を使いこなされて、使えば使うほど元気になっていただきたいと思います。

このように、これからはとにかく〔行動に移して、表現する〕ということが大事ですね。

波動をあげる三つの条件

……その三、深い部分の自分（神我・真我・本当の自分）が望んでいることをやる

波動をあげるために大事なことの三つ目は、《深い部分の自分（神我・真我・本当の自分）が望んでいることをやる》ことです。

本当にやりたいことをしている人は、生き生きして輝いていますね。

《深い部分の自分》が本当に望んでいることを見つけますと、波動はどんどんあがってしまいます。

先程の〔行動に移す〕というのは、〔閃いたら即行動に移す〕ということで、これが大変大事なのですね。

閃きのない方はおられないので、今までもいっぱい閃いていたのです。

ところが《おおもと》からの情報は未知のことが無限にあるわけです。

ですから今まで閃きで入った情報は、誰もまだやっていなくて、自分の頭では考えられないような情報が多くて「こんなことやったらみんなに笑われる。こんなこと出来るわけない」というふうに、皆様は頭で打ち消しておられたと思います。

これからはそれをやめていただいて、閃いたら即行動に移して下さい。出来ないことは、閃くわけがないのですね。出来ないことの情報は、入るわけがありません。

なぜなら自分から出ている波動と合ったものを引き寄せるのですから、各々の器《うつわ》に相応《ふさわ》しい情報しか入ってくるわけがないのです。

出来るから閃くのですから、とにかく即行動に移すことです。

実現までに少し時間がかかるかもしれませんが、閃いたことは必ず出来るのですから、即行動に移す作業をこれからはして下さい。

閃いて即行動に移すのは、勇気が要りますよね。

ですからこれからは勇気を出して、とにかく〈行動に移す、表現する〉ことが大事な時代です。

「何だかわからないけど」というのも、閃きです。

「何だかわからないけど、あの人に電話した方がいいみたい」とか、「何だかわからないけど、あそこに行った方がいいみたい」というのがいっぱいあると思います。

これを行動に移すのは、勇気が要りますよね。

「何だかわからないけど」というのは、頭で理由がわからないわけですから、これを行動に移すのは本当に、勇気しかありません。

私はもともと大胆であまり頭で考えないタイプなので「考えてもしょうが

ない」と即行動に移すというパターンでしたから、早くこれからのエネルギーになれたのだと思います。

とにかく頭でいちいちゴチャゴチャ考えないで、即行動に移すことが大変大事な時代になりました。

私はこの四年間「ダメでもともと、死ぬわけじゃなし」という感じで、閃きを即行動に移してやってきました。

「死ぬわけじゃなし」と言いましたが、別に死んでもいいのです。

死ぬ時は、地球上での私の役割が終わった時でしょうからね。

「精一杯やったんだから、もういいよ」という感じです。

ですから〔死ぬ〕という言葉は適切ではなく、単に地球上から肉体が消えるだけで、死というのは本来ないと思います。

ですから私は、死も全然恐くありません。

このことがわかった時から本当に楽になって、閃きを即行動に移して生きてきて、やはり間違っていなかったという結果が出ましたので、皆様にも自信を持ってお話出来るのです。

自分に出来ないことは閃くわけがないですから、とにかく勇気を出して行動に移していただければと思います。

例えば、「何だかわからないけど、あの人に電話したほうがいいみたい」と思いますよね。

そのとき時計を見ますとお昼の十二時を少し過ぎている。

頭はロクなことを考えませんから「待てよ、もうお昼ご飯でいないはずだ。一時になってから電話しよう」と考えるわけですよ。

そして一時になってから電話をすると「今日はお昼に出たまままもう戻りません」ということになってしまうのです。

これがお仕事の場合でしたら、どんどん後手《ごて》に回ってしまいますね。

ところが閃いた時というのは、《おおもと》からベスト・タイミングで情報がきています。

《真我》が「今、電話した方がいいよ」と、ベスト・タイミングで情報をくれているのです。

ですからその時に電話すれば、お昼でも相手はおられるのですよ。

おられるから、閃くのです。

私は、これを何回も実験してみました。

パッと「何か電話したいな」と閃いた時、「でもお昼だなぁ」と思うのですが、閃いたということは相手はおられるということですから、即電話してみるのです。

そうすると、相手はちゃんとおられます。

とにかく「何だかわからないけど」というのは、《自分の深い部分》からの情報ですから、その時はベスト・タイミングなのですね。

例えば、お仕事の場合でしたら、相手がリラックスされていて、こちらの話を非常に良い状態で受け入れて下さる時に、情報が入ってきているはずですから、その時は即行動に移すことです。

そうすると物事をスムーズに運べて、どんどんうまくいきます。

ですからこれからは「何だかわからないけど」という閃きを、重要視していただきたいのです。

私は「何だかわからないけど、どこかに行った方がいいみたい」というのがよくありますが、行動には勇気が要ってお金もかかりますね。

電話でしたらお金もあまりかからなくていいですけど、去年は「何だかわからないけど、京都に行った方がいいみたい」と閃くのですよね。

でも頭はすぐ「新幹線代がいくらかかって、もったいない」というふうに考えます。

だけど「何か行った方がいい」と思うのですね。

そこで頭を納得させるためには、何か理由をつくってあげればいいんです。「京都のあの人に会いに行こう。そしたら意味があるから新幹線代は無駄ではない」とすると、頭は納得するわけですね。

そうやって何とか頭を納得させて、実際に行動に移して京都に行ってみたのです。

そうしますと京都で思わぬ話になって「京都で個展をやりませんか」ということになりました。

京都である方と会って個展の話をする必要があって、閃いてきたのだと思います。

他の用事も一応つくって行きましたが、目的はこれだったのですね。

ですからこれからは「何だかわからないけど、やってみると、行動に移すと、理由がわかる」という時代になります。

行動に移す（表現する）と、本当の理由が見えてきます。

こういうことがいっぱい起こってきますので、勇気を出して行動に移して下さい。

頭は本当にロクなことを考えず、すぐ判断してしまいますから、ありのままを受け入れるためには、出来るだけ頭の中はボーッとさせておいた方がいいですね。

頭をボーッとさせているのは罪悪のように思っておられる方が、今まではたくさんいらっしゃったと思いますが、これからは出来るだけ頭はカラッポにしておいた方がいいのです。


頭がボーッとしている時には、意識はハート（胸のあたり）にあります。

カリカリして頭にくるという時は、頭に意識がある証拠ですね。

ハートに意識があれば、頭には絶対にきません。

何でも「どうぞ」と、あるがままに受け入れられます。

ですから数字の計算とか、どうしても頭で考えなければいけない時以外は、なるべく意識はハートに降ろしておいた方がいいですね。

そうしますと本当に楽で、平安な気持ちになれます。

何を言われても「どうぞ」という感じで、頭になんかきませんね。

唯一あるがままに受け入れられる所がハートのようですから、出来るだけハートに意識を持っていて下さい。

ボーッとしていると、確かに私の場合は、日常の行動の中で一見無駄と思われることを随分やってしまいます。

電車を乗り過ごしたりとか、反対方向に乗って行ったりとかは年中ですが、これも意味なくやっているわけではないのです。

ですから「意味のないことは何もない」と、とらえるかどうかなのですね。

私は今までの人生で「意味のないことは全くなかった」とわかった時、本当の意味で感謝の気持ちが出てきました。

親に対しても、起こった出来事に対しても、そして何より地球で生かされていることに対して、口先だけじゃなくて心の底から感謝の気持ちが沸き起こってきました。

「意味がない」と思ったら、本当に意味がなくなってしまいます。

ですから例えば、反対方向の電車に乗ってしまったことに気がついて電車から降りまして、「《おおもと》の部分で生きている私が、意味のないことをするはずがないじゃないか」と思って駅で色々見るわけです。

もしかすると誰かに出会うために、反対方向に乗った可能性がありますから見てみるのです。

誰も知っている人がいないと、今度はポスターとかを見るのですね。

そうすると、必要な情報が必ずあります。

「あー、このポスターを見るために、一駅反対方向に乗ったんだ」とわかるのですね。

ですから、何も無駄ではないのです。

無駄は一つもありませんから、無駄とするかどうかは、ご自分次第なのです。

いつも「無駄なことをしているわけがない。起こることは、全部意味があって起こっている」と、とらえられた方がいいですね。

そうしますと、みんなが楽になれます。

大事なことは、少しでもカリカリしたりカッカしたりすると、宇宙との調和度は簡単にドーンと落ちてしまうということです。

宇宙との調和度は瞬間瞬間でどんどん変わるものですから、皆様の宇宙との調和度も、先程の瞬間を描き出しただけですから、お隣の方と見比べられて「自分の方が低いな」というふうに気にしないでいただきたいのです。

なぜなら、今日ご自分のお仕事で少し悩みがあったりすれば当然落ちていますから、数字にこだわらないで下さいね。

ある瞬間を見ているだけですから。

今日私がお喋りしているのは、私は皆様に何かをお教えしているわけではなく、確認のお相手をしているだけですから、たくさん確認をされればされるほど、宇宙との調和度は簡単に二～三段階ポーンとあがっておられます。

意識というのは波動のエネルギーで瞬間瞬間に変わりますから、宇宙との調和度さえもこだわらないでいただきたいのです。

悩みがあったり、ちょっと怒りますとすぐさがりますから、今日の数字は気になさらないで下さい。

ですからそのことがわかりますと、イライラとか、カーッと怒るとかはしなくなりますね。

せっかく波動をあげているのに、一瞬で一段階も二段階も落ちるのは本当にもったいないですから。

私は常に、穏やかにしていられるようになってきました。

でも〔欲〕を出すと、宇宙との調和度は簡単にドーンと落ちてしまいます。

そのへんも、気をつけていただきたいところですね。

あなたが本当にやりたいことを見つけるには

ご自分の本当にやりたいことが見つかっていない方は、どうすればいいかをお話しします。

私が人前でお喋りが出来るようになったことも、先程「能力はコツだ」と言いましたように、私の体験からわかったことです。

私はこのようなお喋りが出来るとは、本当に思ってもいなかったのですね。この四年間くらい個人のためのヒーリング・アートを描いていて、何百人かの方とお会いしました。

瞬間にその方の波動をキャッチ出来ますから、その方に相応《ふさわ》しい絵を描いていたのですが、それをお一人お一人にお会いしてお渡ししていたのです。

大体二時間くらいお話して意識のカウンセリングのようなことをしていま

したから、一人から五人くらいの方とはお喋りしていて、私自身もたくさん勉強させていただきました。

ですからお喋りすることに慣れてはいたのですが、大勢の方の前ではお話したことがなかったのです。

ところが去年、セミナーの講師として喋れと言われまして、私は「どうしようかな、たくさんの人が集まられるらしいし、お断りしようかな」と思ったのです。

でも今まで数人の方とお話していた時に、「これから波動がどんどんあがっていけばいくほど、今までやったこともないようなものをどんどん引き寄せます。こういうことしてみない、ああいうことしてみないと話がきます。今までやったことのないものが来ますと、頭で考えると断りますが、それを断らないで下さい」と皆様に申し上げていたものですから、私が断るわけにはいかなかったのですよね。

それでとにかく、「やります」とお返事しました。

でも、本当に恐かったのです。

今までは五人くらいの方にしかお喋りしたことがなかったのに、いざ会場に行ってみますと九十何人かいらっしゃるのです。

「わあー、どうしよう」と、足立幸子の方はドキドキしているわけですよね。だけど《深い方の私》は何でも出来るので「大丈夫だ」と言っていましたから、もうそれを信じるしかないので、とにかく「やろう」と思ってなんとなく喋り始めたのです。

一時間くらいはどんどん閃いて出てきてくれて、うまくいきました。ところが突然、さっきまで閃いていたことを忘れてしまったのですよ。さすがに「どうしよう、困ったなぁ」と思いました。

そうしましたら、「質問にする」と閃くのですね。

「ああそうだ、質問にすればいいんだ」と思って、「このあたりで、ご質問を」と言ったのです。

面白いことに、一番前におられた男性が手を挙げて下さって、私が先程閃いていて忘れてしまった内容を質問されたのですね。

私もびっくりしてしまいましたが、おそらく私が閃いたことをテレパシーでキャッチされたのだと思います。

これからは本音の時代ですので、私も本音で言うしかありませんから、その時も「実は先程閃いていたことを忘れたのですが、今質問されたことをお話しようとしていたのです。ありがとうございました」と言いました。

そうしますと会場の皆様に笑っていただけて雰囲気が和んで、ますます話がしやすくなりました。

それで、私はコツを掴んだのです。

話がつまれば、質問にすればいいわけですよね。

これですと、どこで何十人おられても平気です。

もう大丈夫です。

質問されますと、その質問からまた新しく閃きが出てきます。

そして質問というのは実は意味があって、そこにおられる皆様と分かち合う必要があるのですね。

こういうことがあって、話すということが私の表現方法の一つとして加わりました。

私がお断りしなかったので、また一つ出来ることが増えたわけですよね。

皆様の中でまだ《深い部分の自分（神我・真我・本当の自分）》が望んでいることがわからない方は、とにかく「本当の自分が望んでいることをやるんだ」と強烈にプログラムして下さい。

そうしますと今晩から、あるいは明日からかもしれませんが、今までやったこともないようなことが色々やって来るはずです。

それを断らないでください。

やれば絶対に出来てしまいますから。


これからは全部本音の時代ですから、私も講演のご依頼をいただいた時に「私はこんなにたくさんの人の前でお話したことがありません。ですから未熟でどういうふうになるかわかりませんが、精いっぱいやりますから宜しくお願いします」と申し上げました。

そうしますと頼まれる方も最初から期待されませんので、こちらも変な気負いもなく楽にやれますから、とにかく本音で言ってしまうことですよ。

最初から完全な人はいないのですから、開き直って「未熟ですが、やらせて下さい」というふうにやっていくうちに、どんどん洗練されていって何とか形になっていきます。

引き受けないことには洗練もされませんから、とにかく来た話は断らないで全部引き受けて下さい。

皆様はこれから色々と引き寄せられます。未熟はあっても失敗はありませんから、勇気を出してやっていただきたいのです。

その中から、本当にご自分が「これだ!」というのが見つかるはずです。また今までの人生でやったことがないことでも、やれば出来てしまうことがいっぱいあります。

それは、前世でやっているらしいのですね。

そうしますと、今世では練習がいらずに出来てしまいます。

ご自分に出来ない話を引き寄せるわけがないのですから、来た話は、全部出来るから来るのです。

すぐには出来なくても、やっているうちに必ず出来るはずですから、これから来た話はいっさい断らないで、とにかく勇気を出してやってみて下さい。

私の場合も、三年前に初めて個展を開きました。

こんな絵は絶対に受け入れられないだろうと思いながらも、「でも今やらなかったら、必ずあとで後悔する」と思って、「受け入れられなくてもいいからやっちゃえ」という感じで、とにかく個展をやりました。

そうしたら、わかって下さる方がおられたのですよ。

そして毎年やっていくうちに、私の方がビックリするくらい、わかって下さる方がどんどん増えてこられました。

これは、皆様の意識が変わってきておられるからだろうと思います。

私の絵もどんどん洗練されてきていますが、最初に私が勇気を出して表現しなかったら今の私もないわけで、洗練さえもされなかったでしょうね。

最初から完全な人間でしたら地球に来るわけがないですから、最初は未熟でいいですから、とにかく勇気を出して表現してみて下さい。

すべての現象はあなたが出している波動に同調して来る

基本的には、こういうことなのです。

全てのものは、みんな波動を出しています。

そうしますと自分から出ている波動と同じ波動のものが同調して、自分の方に引き寄せられるわけです。

こういうことで、「自分に出来ないことが来るはずがない」と言っているのですね。

自分の器《うつわ》に相応《ふさわ》しいものしか、来れないのです。

ですから何か思った瞬間に、その内容の波動が出るのです。

自分から出た波動と同じ波動のものを同調して引き寄せるのですから、これがわかりますと、否定的なことは恐くていっさい思えなくなりますね。

よく「私はこの頃良いことが全然ない」とおっしゃる方がおられるのですが、これはご自分がそういう波動を出しておられるから、同じ波動の状況を引き寄せているだけですので、いっさい人のせいには出来ないわけです。

勝手に向こうから悪いことが来るように言われる方が多いのですが、とんでもない話で、全部ご自分の責任です。

自分の中にない波動を引き寄せるわけがないのです。

今年は経営者の方にお話をすることが多いのですが、経営者の方が「うち

にはロクな社員しか来ない」と言われますが、ご自分にそういう波動がある
から、そういう社員の方が来られるのですね。
　ですからそういう社員になるべく来てほしくないと思われれば、その社員
の中のイヤだなと思われる部分は、ご自分の中のどれだとズーッとチェック
されていかれますと、必ずしも同じ形ではないのですが「あっ、自分の中の
この部分だ」と見えてくるはずです。その部分をなくせばいいのです。
　そうすれば、そういう社員は寄って来れなくなりますね。
　ですから回りにおられる方は、全員ご自分の鏡です。
　その方達は、ご自分の中にあるものと同じものを必ず持っておられるから、
側《そば》にいらっしゃるわけです。
　家族でも、友人でも、社員でもそうです。
　ご自分と同じ波動を必ず持っている人が寄って来るのですから、回りの人

は全員ご自分の鏡なのですね。

このように、自分から出ている波動と同じものを引き寄せているのですから、世の中で起こることは全部自分のせいで、いっさい人のせいには出来ないということです。

そして親さえも、自分で選んで生まれてきています。

私は「なぜこんな親のところに生まれてきたんだろう」とずっと思っていたのですが、結局親も自分が選んで生まれてきたことがわかりました。

それまでは人のせいにして、自分から逃げていましたから本当にショックだったのですが、親さえも「この親で、こういうことを体験して味わおう」と選んで生まれてきたのですね。

向こうから勝手に来るなんてことは、いっさいありません。

今まで出会った方は全部、ご自分が何かを味わう必要があって引き寄せられたわけですから、誰のせいにも出来ませんね。

では何のために肉体を持って地球に来たのかと言いますと、〔味わうため〕なのです。

肉体を持つことによって、感覚も感情も持ちます。

『ベルリン天使の詩』という映画があるのですが、この映画は天使の側から見た時は画面が白黒に映り、人間の側から見た時はカラーで映るのです。

そして天使がサーカスに出ている女性に恋をして、女性の体に触るのですが、肉体がないので触覚もありませんから、女性の体が柔らかいのか硬いのか、冷たいのか暖かいのかわからないわけですよ。

それでどうしても感覚を味わいたくて、羽を捨てて堕天使になって、冬のベルリンに降り立つという話なのです。

天使が人間として初めて、ホットコーヒーを飲みます。そしてカップに触って、「熱いというのは、こういう感じなんだ」と知るのですね。

このように肉体を持つことによって感覚や感情を持つわけで、私達は「楽しいとはどういうことか、悲しいとはどういうことか、苦しいとはどういうことか」と、味わうために肉体を持って地球に来たのですから、ジックリ味わった方がいいと思います。

楽しいことならジックリ味わうのですが、イヤなこととなると急に人のせいにして逃げてしまいますが、イヤなことも味わうために地球に来たのですから、ジックリ味わって、そしてそれをクリアーして次に行くのがいいですね。

逃げるとやり残しをつくるわけで、それは絶対いつかやらなければいけないのです。次に来た時には、段々きつくなっているような感じがします。

来たことは全部意味があって来たのですから、いっさい逃げないで、来た時に全部受け入れて、ジックリ味わった方がよろしいのではないかと思います。

例えば、トラブルは、自分を成長させるために来るのですね。《深い部分の自分》が、「そろそろ成長させてやろう」ということで、問題を与えるのです。

ですからイヤなことが来れば、「これをクリアーすれば、また次にジャンプ出来る」と考えられるといいですね。

そしてクリアー出来ないような問題を、引き寄せるわけがないのです。同じ波動どうししか同調しませんから、その方の器《うつわ》に相応《ふさわ》しい問題しか来るわけがありません。

全ての問題は、必ずクリアー出来るから来ていますので、とにかく逃げないで、来たものは全部受け入れて下さい。

でもたまに、一人ではクリアー出来ないような問題も確かに来ます。

それは、そこで逃げるかどうか、試されているのだと思いますね。

〔お試《ためし》〕は、いっぱい来ます。

私も以前あったのですが、「今回の問題は、ちょっと一人ではクリアー出来ないな」と思いましたが、「いや、クリアー出来ない問題が来るわけない」ということで、「どうぞ」という感じで受け入れたのです。

その時は確かに一人では無理だったのですが、本当に一人では無理な場合には、サポートして下さる人を引き寄せますね。

それで、なんなくクリアーしてしまいます。

ですから逃げなければ、本当に奇跡のようなことが簡単に起こりますから、とにかく逃げないで受け入れて下さい。

そうなりますと、全てがOKになります。

良いことは当然良いですから喜んで受け入れますし、イヤなことは成長するために来るのですから、それをクリアーすればまた次にジャンプ出来ますから嬉しいことですよね。

イヤなことが来るのは、好きなことばかりやっていては成長が遅くなる場合もあるので、早く成長させてくれるために来るのです。

ですから私は朝起きますと、「さあ、今日は何が起こるんだろう」と楽しくて仕方がありません。

イヤなことでも良いことでも、それをクリアーすれば次にジャンプ出来ますから、イヤなことが来た時はものすごく嬉しいですね。

「どうやってクリアーしてやろうか」と、あの手この手がどんどん閃いてきますから、イヤなことが来たらワクワクしてしまいますよね。

これが本当の〔ワクワクした人生〕と言うのかなと思います。

とにかく朝起きますと、楽しくて仕方がないのですよ。良いことでも悪いことでもどちらでもOKですから、「どうぞ、どうぞ」という感じでやっていますので、もういっさい恐いものがありません。

クリアー出来ない問題が来るわけないのですから、恐いものは何もなくなりますので、毎日が楽しくて仕方がない感じになってきます。

ですから全て味わう必要があって引き寄せていますので、いっさい逃げないということですね。

先程、波動をあげるためには、こだわりをとることが大事だと申し上げました。

人生というのは〔ドラマ〕なのですね。

自分が主人公で、回りの方々が登場人物で、自分が全部筋書きをつくってセッティングしているわけです。

そうしますと例えば、よく人に裏切られるという方がいらっしゃって、その相手を恨んでおられます。

恨むなんていうのは、本当に良い波動が出ていませんから、良いことを引き寄せるわけがないですね。

ですからこういうこだわりをとるためには、どうすればよいかということなのですが、「味わうために、地球に来たんだ」ということから考えますと、「裏切られるというのはどういうことか」と味わいたかったのですよね。

裏切られることを味わいたくて、そういうドラマの筋書きをつくったのですから、その相手の人は「裏切る」といったイヤな役を演じて下さったのです。

ですからその人を恨むどころか、感謝しなければいけないのですよ。

そういうふうに、ちょっと考え方の視点を変えるだけでものすごく楽になって、あらゆるこだわりがポーンととれるはずです。

そんな感じで、どんどんこだわりをとっていっていただきたいのですね。

ご自分の中で悶々としておられることがおありになるかと思いますが、「とにかく味わうために地球に来て、自分でドラマをつくってセッティングした相手が役を演じてくれた」と軽く考えられたら、あらゆるこだわりがとれてしまうと思います。

そうしますとどんどん軽くなって、波動はいやでもあがっていってしまいます。

これからは、〔あるがままに生きる時〕が来ています。

でも〔あるがまま〕と〔わがまま〕とは違うのですね。

「これからは、あるがままに生きる時が来ていますよ」と申し上げましたら、わがまま放題やっていいのかと勘違いされたことがありました。

〔あるがままに生きる〕というのは、自分もあるがままにやるのですが、相手のあるがままも受け入れるということです。

わがままというのは、自分はあるがままにやるのですが、相手のあるがままは受け入れないのです。

皆様は、自分のあるがままなら割と楽に出来るようになられますが、相手のあるがままを受け入れるのは難しいとおっしゃいます。

本当に頭はロクなことを考えないので、好きだの嫌いだのとすぐ判断してしまうのですね。

この判断は、ご自分の色眼鏡をかけて見ておられるだけで、結局はご自分だけの尺度なわけですよ。

あるがままに見るというのは、色眼鏡をはずさなければいけないのです。

人というのは、色々な面を持っています。

頭というのは「こういう面は良いが、こういう面は悪い」とか、「好き」とか「嫌い」とかと判断してしまうのですね。

それを、やめるのです。

「あの人は、こういう面とこういう面とこういう面を持った人なんだ」とただただ受け入れて、ただただ見るだけなのです。

これが、あるがままに見るということです。

良い悪い好き嫌いなどと、判断しないのです。

良い悪い好き嫌いは自分だけの尺度ですから、自分の尺度でいっさい判断しないということですね。

それが人をあるがままに見る、あるがままに受け入れるということです。

こうしますと、誰とでもおつきあい出来るようになりますね。

「あの人は、こういう面とこういう面を持った人なんだ」とただただ思うだけですからね。

時々自分で笑ってしまうことがあるのですが、今まででしたら自分で判断して当然頭にきていたような人でも、「あるがままに受け入れるんだ」と思いますと、「あの人はこういう面を持っている人なんだ」とただただ思うだけなのですね。

これをやっていますと、本当に楽になります。

今まで自分の尺度で判断されて、勝手に疲れておられたことがあったと思います。

これからは、自分も本音であるがままに生きるのですが、人のあるがままも受け入れて下さい。

ですから動物のタイプで言いますとどちらかと言いますと、猫のタイプですね。

猫というのは、すごくマイペースです。

餌をくれる人でも、自分がイヤな時はプイとどこかに行ったりして媚《こ》びないですよね。

犬はイヤな時でも、義理でしっぽを振ったりしますでしょ。

猫はそういうところがありません。

これからは、猫タイプで生きればいいのですね。

じゃ、猫の世界はバラバラかと言いますと、そんなことはないですね。

猫は、相手のあるがままも受け入れます。

お友達の家に十匹くらい猫がいて、そこに五日ほど泊まることがありましたので、猫の世界をジーッと観察していましたら、十匹くらいが、それぞれがマイペースなのに非常にうまくいっていることがわかりました。

これからは、猫でいいのです。

もう媚びなくてもいいのですよね。

本音で「私はこうなんです。これで悪かったら、もう好きにして下さい」と、さらけ出してしまえばいいと思います。

本音でないから疲れてストレスがたまるのですから、とにかく本音で生きて下さいね。

本音で生きておられない方がほとんどなので、「会社で本音でやったらメチャクチャになってしまいます」とよく言われます。

でもこれからは本音の時代が来ますから、良い子をやめることですね。

人から良く思われようなんて、いっさい考えないことです。

そして、「こうあるべきだ。こうあるべきでない」などという、あらゆる枠もどんどんはずしていって下さい。

私は小さい時から「私は親の生き方とは違う」という反面教師の親を持ちましたので、今考えると「ありがたいなぁ」と思うのですが、親にことごとく反発して、どうしたら親を諦《あきら》めさせられるかと一生懸命抵抗しました。

とにかく諦めてくれたら、こっちのものなのですね。

やりたいことがやれますので。

ですから会社なんかでは、変わり者とか変人と思われたらしめたものです。

そういうレッテルを早く貼ってもらえれば、マイペースでやりたい放題出来ますね。

先日も沖縄で「県人会《けんじんかい》ではなくて、変人会《へんじんかい》というのをつくったらどうですか。みんなで変人になれば恐くないですから」と申し上げたのですが、とにかく変人というレッテルを貼られたらしめたものですよ。

やりたいことが、本当にやれますからね。

誰かがやらないと世の中は変わりませんから、どなたかが勇気を出して変人になって下さい。

枠をどんどんはずして、「もっと本音で楽にやりましょうよ。お互いに本音でやったら楽ですよ。私を見て下さい、こんなに楽に生きているじゃないですか」という本音であるがままに生きる生き方を、回りの人に見せてあげてほしいのです。

私は小さい時から「私からわがままをとったら何も残らない」と言われていた人間ですから、皆様より早くこれからのエネルギーになれたのではないかと思います。

どなたかが最初にイヤな役をやって下さらないと、世の中は変わらないですから、勇気を出してやって下さい。

私は本音でズバズバ言って憎まれ役ばかりやっていますが、本当に相手のことを思っていますから、その時良く思われなくても、絶対いつかわかってもらえるという自信があります。

直観の時代

これからは〔直観の時代〕だ、という話をします。

《深い部分の自分》から情報を得るためには、直観がいるのですが、今まで直観を使っていませんでしたから鈍っているのですね。

それを再生させるには、どうしたらいいかをお話します。

直観の〔観=観る〕というのは、目で見るのではなく、〔心の目〕で見るわけですね。

心の目で見えるようになるためには、心眼が開かれなければならないのですが、心眼は昔から色々な本などで難しく言われていますが、そんなに難しいことではないように思います。

心眼が開かれるというのは、見えないものが見えることですが、それは〔物事の本質〕が見えるようになるということですね。

心眼が開かれるためにはどうすればよいかと言いますと、〔情〕の部分をクリアーすればよいのではないかと思います。

情の字が下につく、〔感情〕とか〔愛情〕をクリアーすればいいのですね。だいたい情に振り回されるから物事の本質を見失って、見えるものも見えなくなってしまうのです。

情は全部捨ててしまう必要はありませんが、コントロール出来るようになればいいと思います。

感情の方は、皆様どんどんコントロール出来るようになられるのです。

私のパターンで三段階くらいまでは、自分の感情にも相手の感情にも振り回されている段階です。（宇宙との調和度については一三六ページの宇宙との調和度の項目で詳しく記述されています）

ところが四段階に入ってきますと、今までだったらすぐカーッとなったりしていたのが、なんだかわからないけど、《静かに見ているもう一人の自分》が出てきたような、《非常に冷静な自分》がもう一人奥にいるような、そんな感じになってきます。

《非常に冷静で、静かに見ているもう一人の自分》が、《真我》なのです。四段階になりますと、それがかなり表面に出てきますから、感情に振り回されないようになってくるのですね。

五段階になりますと、《静かに見ている自分》の方が主導権をとりだしてきますから、《真我》とどんどん一つになってきます。

五段階から先は、それまでの基本の形がなくなっていますね。

四段階までの形は、《真我》の媒体として完成された形なのです。

肉体を持った自分は、単なる《真我》の媒体として存在していたのです。

五段階から先で、それまでの基本の形が消えてしまっているということは、もう媒体ではなく、《真我》と一つになりだしているのですね。

ですから《静かに見ている、非常に冷静な自分》が主導権をとって、そちらが全面に出てきますから、自分の感情にも人の感情にも振り回されなくなってくるのです。

《真我》に近づけば近づくほど、非常に冷静でクールになります。

だからいちいち情に振り回されなくなりますから、ますます楽になってくるわけですね。

〔愛〕と〔愛情〕はまったく別物

このように感情の方のコントロールは、わりと簡単に出来るようになるのですが、問題は愛情の方で、こちらが大変なのですね。

愛情と、《愛》は、全然違います。

《愛》というのは、無条件で、しかも厳しいのです。

ところが《愛》の下に《情》の字がつくと、急に条件がついてきて、ドロドロしてくるのです。

ですからこれからは、みんながお互いに《愛》の部分だけで接するようになれば、本当に楽になりますね。

例えば、《愛》の部分では「やってあげない方がいい」とわかっていても、

《情》の部分でやってあげてしまうことが、私達にはいっぱいあるはずです。皆様ご自分でチェックしていただきたいのですが、人に対して、やってあげることによって相手をダメにしていることが、実はいっぱいあります。

《愛》の部分ではわかっているのですが「やってあげないと、冷たい人だと思われる」とか、良い子になろうとしているのですね。

本当にどうしても、やってあげないといけない時以外は、なるべくやらないようにすることです。

例えば、お年寄りに対しては、何でも出来るだけ自分でやらせてあげた方がよいのです。

「もう、お歳だから」というのは、《情》ですね。

金さん銀さんも、まだご自分でお布団の上げ下ろしから、お洗濯もしておられるからお元気なのですね。

金さん銀さんの娘さんも「元気の秘訣は、出来るだけほっとくことです」と言っておられましたが、とにかく出来るだけ自分でやらせてあげることです。

ですから、本音で言えばいいのですね。

「私は、《情》の部分ではやってあげたいのはやまやまなんだけれど、《愛》の部分であなたと接します。あなたのためになりませんから、自分でやりなさい」とはっきり言えばよいのです。

本当に相手のことを思って、そして本音で言えば、絶対わかりあえます。

でもそこには、思いやりが必要ですね。

例えば、お年寄りにお布団の上げ下ろしをやらせるとしたら、なるべく軽いお布団にしてあげるという思いやりが、人間関係の潤滑油になります。

このように《情》に振り回されて、人目ばかり気にして余計なことをして、相手をダメにしていたことがいっぱいありますね。

これからは今まで人にやってあげていた時間を、もっとご自分を見つめるためにに使っていただきたいのです。

また、お仕事やお友達なんかの人間関係でも「今まで、仲良くつきあってきたんだし」なんて《情》の部分でひっかかっていたのでは、ご自分は変われないですね。

仲間だった人達から「なんて冷たい人だ」とか言われたり、思われたりしますが、どう思われたっていいのです。

一人が変わりますと、ほかの人達も「あれっ、これはどういうことなんだ」と気づくチャンスを与えてあげることにもなるわけですね。

《情》の部分がクリアーされてきますと、本当の《愛》が発露されてきますから、波動がどんどんあがっていきます。

そうしますと、物事の本質がますます見えてきますので、他の人に対して、厳しくなったようにも感じられるかもしれません。

例えば、今までだったら相手に「いいんじゃない」と言えたのが、「いいんじゃないと言っているのは、ウワベは楽でいいし、当面は問題が起こらなくていいかもしれないけど、その人のためにならない」というのが見えてくるのです。

それで、徹底的に相手に言うことになるのですね。

ですから《情》の部分がクリアーされてきますと、本質が見えてきますから、非常にクールな、今までと違う自分がかなり出てくると思います。

ちょっと悪い子になって、勇気を出してやってほしいのです。

絶対にあとでわかってもらえますから。

私はもう、どう思われてもいいですし、本当に相手のことを思っていますから誰にでもズバズバ言えます。

ただ、本人がきく耳を持たない時は、抵抗されますからかえって逆効果になりますね。

そういう時は、きいてもらえる状態になるまで待ってあげることです。

これも思いやりです。

先日九州に行った時に、吉丸房江先生（註3）の所に遊びに寄りました。個展をやったあとだったので、三日間酵素のお風呂に入って、美味しいものを食べて、のんびりしようと思って行ったのですよ。

そうしたら開口一番「《情》の部分で接したら、あなたに御馳走《ごちそう》をしてあげたいところです。でも今のあなたの体を見たら、断食が必要です」と言われて、三日間酵素断食をさせられて、お蔭様でスッキリとして帰れました。

こういうふうに言われれば、私も納得しますよね。

確かにそうだと思って、素直に三日間断食しました。

お礼の手紙を出しましたら、ご返事がきまして「この次は《情》の部分で接しましょう。大歓待します」と書いてありました。


本当に相手のことを思って本音で言えば、絶対わかりあえますから、《情》に振り回されないでいただきたいのです。

《情》に振り回されるために、見えるものも見えなくなっているのですから、《情》に振り回されないと、物事の本質が見えてくるのです。

例えば、何か問題が起こりますと、今までの状態でしたら感情に振り回されて「どうしよう」と右往左往してしまいますね。

ところが感情に振り回されずに冷静ですと、「待てよ、こういう問題が起こるからには、奥に《おおもと》の原因があるはずだ」と、奥に目が向けられるようになります。

そうしますと物事の本質が見えてきますので、そこの部分をクリアーすれば、なんなく問題もクリアー出来てしまうのですね。

ですから何が起こっても、もう動じなくなります。

問題が起こっても、もう現象に振り回されませんから、非常に冷静で、ボーッとしていると物事の奥の本当の原因が見えてくるのです。

それをクリアーすればいいだけですから、全然慌《あわ》てません。

そうしますと、本当に恐いものがなくなってしまいますね。

このように、冷静になりますと物事の本質が見えますので、感情や愛情という《情》の字が下につくものを、どんどんコントロール出来るようになられると思います。

そうすれば自分も他人も、お互いに楽になれますよね。

経験と知識の限界

先程「これからは、頭はなるべく使わないように」とお話しました。

今までは、アイデアも頭で考えていて、そして悩んで苦しんでいたのですが、頭というのは、今まで得た経験と知識ですから、限界があるのです。

そんなに人と違ったことが、頭で考えて浮かぶ訳がないのですよね。

今までの発明や発見というのも、とことん頭で考えて悩んで苦しんで「もう限界だ、だめだ、やーめた」とやめた時に、ポンと閃くことが多かったのです。

ですから結局、その閃くというのも《真我》からの情報なのです。

《真我》からの情報は未知の情報で、まだ誰もやったことのないものが来るのですね。

今までは頭でアイデアを考えていたのですが、これからアイデアは、《真我》から〔閃きで得る〕のです。

それを現実に表現する時、頭を使うわけです。

ですからこれから頭は、道具として使うのですね。

つまり閃きで得た情報を、今まで得た経験と知識を使って、現実に、地球上の人達にわかるように表現するのです。

「じゃあ、これからは知恵の時代だから、今までの知識は全然いらないのか」ということではありません。

知識が豊富な方は、それだけ表現力が豊かなわけですから、これからは〔直観・知恵〕と〔頭・知識〕を両方バランス良く使ったらいいですね。

ですから私は絵を描く時、構図みたいなものは《真我》から情報で得るのです。

そしてそれを表現する時、例えば、墨の色や金の色や紙やマットの色やフレームなどは、今まで得た経験と知識を生かして、足立幸子のセンスを使うわけですよね。

このように、両方バランス良く使っていくということです。

「全部完璧に媒体に徹してしまったら、足立幸子はどこに行ってしまうんだろう」と思ったことがあったのですが、表現する時に足立幸子を使って表現するのですから、そこに足立幸子のセンスが入ってきて、ちゃんと個性が出るわけですね。

ですから自分がなくなるわけではなく、知恵と知識を両方使って表現するのです。

チャネリング（註4）もそうですよ。

例えば、バシャール（註5）をチャネリングしている方が何人かおられますが、ダリル・アンカさんは科学的な知識がおありになりますから、科学的なことならダリルさんにきいた方が、より深い情報が来ますよね。

ですから本人がいくら「私は媒体です」と言っても、その人の中にあるものを使って表現していますから、情報の中にちゃんとその人が入っています。

これからは、アイデアは閃きで、頭は道具として使うわけですね。

ですから今までは頭が主で、直観が従だったのですが、これからは直観が主で頭が従になって、主従関係が反対になっていきます。


では情報を得る時は、どうすればいいかということをお話します。

今まで直観をあまり使っていなかったので鈍くなっていますが、直観は使えば使うだけ冴えてきます。

私は宇宙というのはすごく良く出来たコンピュータで、《真我》の部分が大型コンピュータ、一人一人の脳は端末機だと思っています。脳がハードウェア、意識がソフトウェアという感じですね。

それで、「今からこういう情報がほしい」と思って、《真我》にインプットすると、閃きという形で端末機に返ってきます。

そのことだけを考えて一瞬強烈に思えば、誰でも意識が《真我》に行きますから、あとは閃きで情報が入るのを待つだけなのですね。

私のパターンで〇《まる》以上になって、どんどん《真我》と一体になればなるほど、インプットするとすぐ答えが返るようになってきます。

そうなるまでは、まだ直観を使い慣れていないので、どうすればよいかと言いますと、プログラムしてインプットした後は忘れていただきたいのです。

これが、コツです。

どうしてかと言いますと、いつまでも考えていると「答えはまだ来ない、まだ来ない、まだ来ない」と思っているうちに、頭はロクなことを考えませんから、すぐ否定的な方向に行って「来ないいんじゃないか」というふうになってしまうのですね。

意識が全てをつくっているので、自分が思った通りになりますから、「来ないんじゃないか」と思ったら本当に来なくなります。

ですからプログラムしてインプットしたら、あとは忘れていて下さい。

答えはどういう時に返って来るかと言いますと、頭がボーッとしてリラックスしている時に返って来ます。

ですからなるべく、頭をカラにしておいていただきたいのです。

答えが返って来るのは、お風呂に入っている時かもしれませんし、おトイレに入っている時かもしれませんし、電車の吊り革にボーッと掴《つか》まっている時かもしれませんし、町の中をボーッと歩いている時かもしれませんし、どういう時かわからないのですが、とにかくリラックスしている時に返って来ますので、特にプログラムしてインプットしたあとは頭はカラにしておいて下さい。

世の中には「ボーッとしているのはいけない」という概念が強くあります。そして「色々な情報を得なければ、人に遅れるんじゃないか」と考えて、本を読んだり、セミナーを受けたり、テレビを見たりして、一生懸命に頭を使っていますね。

そうやって頭を使っている時というのは発信状態で、受信は塞がっているらしいのです。

ところがボーッとしている時というのは、受信状態になっていますので、どんどん閃きで情報が入って来ます。

ですからこれからは出来る限り頭をカラにして、ボーッとしている方がよいわけです。

本当の頭を使わなければいけない時以外は、ボーッとしていることですね。人とお話をする時は、頭に意識を持っていかないと話が通じなくてわからなくなるような気がしますでしょ。

でも意識を《真我》に持ってきて、頭をカラッポにしてボーッと人とお話しますと、誰でも非常にテレパシックになるのです。

ですから相手が何を考えているかなどがわかってきますし、「相手はこういうことを言ってほしいんじゃないかな」ということが閃きます。

私は最初どうやってこれを確かめたかと言いますと、親しい人とお話している時にチェックして確認しました。

ボーッとお話していて「この人は今、こういうことを言ってほしいみたい」と思うわけですよ。

そして「あなた今こういうこと言ってほしいと思った？」ときくのです。慣れない間は、親しい方と練習されたらよいですね。

相手の人が興味のありそうなものを感じたら「あなた、何に興味がある？」と確かめるわけです。

ですから直観を、まずは身近なことで、身近な人と訓練されて、そして自信がついたら、現実のお仕事などにどんどんお使いになって下さい。

私は今、人とお話する時は頭をボーッとさせて、いつも《真我》に意識があります。

頭に意識があって考えていた時より、よっぽど良い答えが出てきて「大丈夫だ」という自信を持ちましたので、ますます良い答えが出てくるのだと思います。

私は《真我》の自分を信頼しきっていますから「意味のないことを言うわけがない、するわけがない」と思っているので、どんどん直観が冴えてきています。

例えば、化粧品のセールスの方でしたら、人にお薦めする時に「最初は下地から説明して」などの決まりがあると思います。

でもお客様とお会いした時に、《真我》に意識があって頭をボーッとさせていて「この方は、メイクのお話から入った方がいいみたい」と思ったら、その情報に従っていただきたいのです。

その方は、メイクに興味があるわけですからね。

でもあまり興味のない下地から入ったら、メイクの話になった時にはもう飽きてしまわれて「そんな化粧品はほしくない」となってしまうかもしれませんね。

その方が一番興味をお持ちのことからポンと入れば、ほかの話もきいて下さいますが、「とにかく、決まりを守らなければ」と誰にでも決まり通りにやっていたのでは、お客様を逃がしてしまいますよね。

直観で「この人は、ここから入った方がよい」と思ったら、決まりなんか無視して、ご自分の直観をもっと信頼して下さい。

人間は全員能力者でものすごい直観を持っていますから、こういう感じでどんどん直観を使って下さい。

とにかく、「頭で考えない」という作業をしていただきたいのです。

今までは頭で全部考えてきましたから、最初はちょっと恐いかもしれませんが、直観を使った方が頭で考えているよりよっぽど結果が実際にうまくいきます。

直観を楽しもう

何でも楽しくやらなければ意味がありませんから、直観も楽しみながら冴えさせた方がいいですね。

お勉強という感じでやったらつまらないですから、「どうせやるんだったら、楽しくやろう」というのが私の考え方ですので、こういうことをよくやりました。

例えば、ここに三角・丸・長方形・四角の四種類のケーキがあるとします。これを頭で選ぶとしたら「これはチーズで、これはチョコレートで、私はチョコレートが好きだからこれを選ぶ」と考えますね。

直観で選ぶのですから、こういう選び方をいっさいやめるのです。

ではどうするかと言いますと、大事なことは直観で選ぶと言ってもただ漠然と選ばないで、まずちゃんとプログラムしていただきたいのです。

なぜなら、自分から出た波動と同じものを引き寄せるのですから、自分が出すものが基本になるわけです。

例えば、「この中で、私にとって一番美味しく感じられるもの」とか、もしダイエット中でしたら「この中で一番太らないもの」とか、何でもいいですから、ご自分でお好きなプログラムをするのです。

それで「どれだ」とやって、何だか目が行ったとか、手が敏感な方なら手が行ったとか、「何だかわからないけど、これみたい」とか何でもいいのです。

最初のうちはまだ直観が冴えてないのですから、確認のために全部食べてみるのですね。

そうすると「やっぱり正しかった、自分の直観はすごいな」とわかります
よ。皆様は全員能力者で、すごい直観力を持っておられますから。
これを年中やって、とにかく選ぶ時にいっさい頭を使わないのですね。
これは楽しいですよ。
親しい人と一緒の時に、まずやってみて下さい。
それから私はメニューも全部直観で選びますから、内容はいっさい読みま
せん。
例えば、メニューがありますね。
まず値段を決めなければいけませんから、千円とか決めるわけです。
そして千円の所を見ます。
値段さえ決めれば何が入っているかなんか見ないで、お料理の名前だけ見
て、目がパッと行ったものとか、「何だかわからないけど、これ」とかで注文

するのです。

何人かで行った時は人のも食べさせてもらいますと、やっぱり自分が選んだのが最高ですね。

その時もやはりプログラムをどうするかが大切で、「今私に、一番美味しく感じられるもの」とか、「太らないもの」とか、何でもいいのですが、しっかりプログラムして、そして内容なんか見ないで直観で全部選びます。

ある時四人でラーメン屋さんに行ったのですが、私以外の三人はそのお店にしょっちゅう行っていて、私だけ初めてだったのです。

そのお店はメニューが壁に書いてあって、そこに入った途端にネギラーメンから目が離れなくなりました。

たぶんこれが一番美味しいのだと思ったのですが、頭はすぐ欲を出しますから「モヤシがいいかな」など色々考えるのですが、目はネギラーメンから離れないのですよね。

友達に「足立さん、決まりましたか」ときかれて、「直観ではネギなんですよ。だけど頭はモヤシだのなんだのと欲を出していて迷っているんですよね」と言いました。

直観だけなら、迷うわけがないのです。

頭で色々考えて、欲を出すから迷うわけですね。

友達は、「いや〜足立さん、このお店はとにかくネギが美味しいんですよ」と言うので、「ああ、やっぱり」と思いました。

《深い部分の自分》はちゃんと知っていましたから、ネギから目が離れないのですよね。

それでネギラーメンを食べたら本当に美味しかったので、ますます直観を信じざるをえなくなりました。

ちゃーんと全部教えてくれているのですよね。

こうやって楽しみながら、出来るだけ頭を使わないで直観を使うようにしていただきたいと思います。

楽でいいですよ。

疲れないですしね。

主婦の方で「毎日お料理をつくるのに飽きてしまって、もうイヤだ」と言っておられる方がおられますが、イヤイヤつくられますとお料理に良い波動が入りませんし、美味しいものもまずくなってしまいます。

こういう時は、例えば、スーパーに行ってまず値段を決めて、そして幾品つくると決めますよね。

そしたらお買物籠をさげて、ボーッとスーパーの中を歩かれたらいいと思います。

そうしますと、何だかわからないけど売場に体が寄って行ったとかね、目が離れないとか、そういう品物を籠に入れるのです。

これをしますと、値段は多分自分で決めた額といい線にいくと思いますよ。

それで買って帰って、五品つくるのに何か足らないなと思ったら、お家にあるものを使うのです。

《深い部分の自分》は全部知っていますから、家にあるものは買わないわけですね。

そうやってつくりますと、頭で考えたのではない新しいお料理――宇宙料理みたいなのが毎日楽しく出来ると思います。

自分で適当に星の名前なんかつけたりしてね。楽しみながら直観を磨く練習も出来ますし、新しいお料理も出来ますね。

本当に皆様能力者ですから、直観だけでもかなりいい線にいかれると思います。

意識の上では全員平等ですから、特別な人なんか一人もいないのです。

今、超能力者と言われている人なども、たまたま皆様より早く出来るようになっただけのことで、いずれ全員が何かしらの能力を発揮出来るようになられますから、その時にはもう超能力でも何でもなく常能力になりますね。

ですから今からは、もう能力という言葉さえ使わない方がいいのじゃないかと思います。

私は確かに瞬間に絵を描き出して、その絵の上に宝石を載せておくとどんどん輝き出したりとか、石の形が変わり出したりとか、地球上の今までの常識では考えられないようなことが起こるのですが、こんなものは能力でもなんでもなくて、これからは瞬間芸くらいに軽くお考えになられたらいいと思います。

私の波動がどんどんあがっていけば、それだけ私の描き出した絵から出る波動は強くなりますから、磨けば磨くほど芸の腕があがるような感じに軽くお考えになって、能力だなんだと言わない方がいいですね。

そしてそんなことを出来る人のことを、超能力者などと特別扱いしない方がいいのです。

「私は特別な人だ」と思い込むと、それ以上成長しなくなりますから、ご本人のためにもなりませんね。

皆様何かしらの能力を発揮される時にきておられますから、どんな能力も瞬間芸くらいに軽く思って下さい。

このように、ご自分で現実に楽しみながらどんどんやってみられて、コツを掴《つか》んで下さい。

ご自分なりに「ああ、こうしたらいいな」というコツが見つかるはずです。あとは応用ですから、お仕事とかご趣味とか色々なことにお使いいただきたいと思います。

〔尊徳〕と〔損得〕

ここで、〔ソントク〕の話をしますね。

なぜこの話をすることになったかと言いますと、ある経営者の方に「自分は今まで、得のない限りいっさい動くなとみんなに言ってきました。その自分がこの頃、損をしても動くようになりました。《深い部分の自分》が、損をしても動けと言っています。今までやってきたこととあまりにギャップがあって、どうすればよいかわからなくなっているのです」と言われました。

私は「良い悪いはないんですが、《深い部分の自分》が言うことに従って生きられた方が、当然宇宙と調和のとれた結果が出るはずですから、損をしてでも動いた方がよろしいんじゃないですか」と申し上げました。

この〔ソントク〕という言葉なのですが、これからは字が変わると思います。これからも〔ソントク〕でよいのですが、今まで〔損得〕だったのが、〔尊徳〕になると思われればよいですね。

私達はお金という形で返ってこなければ、損をしたと思うわけです。

お金というのは、エネルギーなのですよ。

大昔は物々交換で、自分がつくったものを人に差し上げていたのです。

自分がつくったということは、自分のエネルギーを使ったわけですよね。

ですから、エネルギーを差し上げているようなものです。

それに対して相手のつくったものをいただくというのは、相手のエネルギーをいただくことですから、ものを交換することはエネルギーの交流なのです。

ですからエネルギーを差し上げて、そして相手からいただいて、これでプラスマイナスゼロで調和がとれるわけですね。

このように物々交換の時代は、調和がとれていて非常に良かったのですが、段々ものがたくさんつくられるようになって交換するものがなくなってきたので、お金というシステムが出来たのです。

相手がつくられたものをいただいて、それに対してエネルギーをお返ししなければいけないのですが、お返しするものがないのでお金というエネルギーでお返しするというシステムなのです。

ですから、お金というのもエネルギーなのです。

こういうシステムが出来てから、何かしてあげたり、何か差し上げた時に、お金というエネルギーで返ってこないと何か損をしたと思うようになったのですね。

ところがお金というエネルギーではなくて、これからは「徳という見えないエネルギーで返ってくることもあるんだ」ということを理解出来ることが大切です。

これからは経営者の方が「お金というエネルギーで返ってこないこともある」ということを受け入れられないと、宇宙と不調和が起こる時代です。

不調和が起こりますと、当然お仕事もうまくいかなくなりますね。

どんなことも、宇宙と調和がとれていないからうまくいかないのです。

調和がとれていれば、《おおもと》からどんどんエネルギーが来てサポートされますから、どんどんうまくいくわけですね。

これからは、徳という見えないエネルギーで返ってくることを理解して受け入れることが、非常に大切になってきます。

今までの経営者の方は「どうしたらお金が得られるか」ということに重点を置かれていたと思いますが、これからは、人を幸せにして、その結果お金が入ってくる――「お金は目的ではなく、結果なんだ」ということが理解出来ないとダメなのではないでしょうか。

ですからまず、ご自分がそれをやることによって、楽しくて仕方がなくて、そしてそれを、して差し上げることによって相手にも喜ばれて、その結果お金が入ってくるのが最高なわけです。

そういう意味では「私は本当に幸せだなぁ」とつくづく思うのです。私は絵を描くことが楽しくて仕方がありません。

それによって皆様にも喜んでいただいて、結果としてお金が入ってくるわけで、もう最高だなと思っています。

これから皆様もこういうふうになっていかれますので、皆様から良い波動がどんどん出て、地球の波動もますますあがっていくと思います。


とにかくお金は目的ではなく結果で、〔徳〕という目に見えないエネルギーで返ってくることもあるということですね。

こんなふうに考えて下さい。

〔得〕の方は地球上の銀行に貯金をしますが、これは肉体が消えた時には持っていけませんね。

ところが〔徳〕の方は、宇宙銀行に貯金するとお思いになればいいのです。

これは肉体がなくなっても、持っていけるのです。

ですからこれからは出来れば、宇宙銀行に貯金をされた方がよろしいのではないかと思います。

お金を貯め込むというのは、エネルギー的に見ればエネルギーの不調和なのです。

お金がたくさんある国と、ない国があるということも、地球全体でエネルギー的に見ると完璧に不調和を起こしているのです。

お金だと貯め込んでしまいますから、本当は物々交換が一番いいのですね。ですから段々物々交換に戻っていって、お金というシステムはなくなるのではないかと思います。

本来宇宙の本当の調和というのは、例えば、明日に十万円払わなければいけないお金が必要だとしますと、払う寸前に十万円入ってきて、そして払ってプラスマイナスゼロというのが本当の調和だそうです。

こういうのはまだ慣れていませんので、ちょっと不安ですから、少しは貯えていてもよいかと思いますが、貯え過ぎはエネルギー的不調和を起こします。

何でも〔過ぎ〕は不調和の元ですが、エネルギー的に不調和を起こしたのが、病気という形になったり、色々な問題という形で出てくるのだと思いますので、とにかく貯め込まないことですよね。

ですから本当に「必要なだけあればいい」というのが一番よろしいのではないかと思います。

欲でほしいのではなくて、本当に必要だったら、それがないともう生きていけないというのであれば、絶対に入ってきます。

私はこの四年間、プラスマイナスゼロどころかマイナスの状態でヒーヒー言ってやってきたのですけど、本当に必要な時は必ず入ってきましたから自信を持ってお話出来るのですよ。

ですから「必要なだけあればいい」ということで、なるべく貯め込まないで、エネルギーの不調和を起こさずに生活されるのが、これからの時代の良い生き方になると思います。


経営方針も、かなり変わってくると思いますよ。

でも、それでいいのです。

これからの時代の新しいやり方というのが当然ありますから、とにかく今までのやり方にこだわらないで下さい。

《真我》からの情報を受け入れますと、まだ誰もやっていないような経営方法が閃くはずです。

それを勇気を出して、どんどんやっていって下さい。

それにこれからは、戦いの時代ではないのです。

ですからよくコンサルタントの方なんかが、戦術とか戦略とかいう言葉を使われますが、〔戦う〕という言葉は全く良くないですね。

この言葉は、波動が荒いのです。

言葉って、恐いですよね。

言葉は言霊《ことだま》と言うくらいで、それ自体波動を出しているのです。

私達は無意識で、荒い波動が出ている言葉をいっぱい使っていますが、荒い波動を出していますと、荒い波動を引き寄せてしまいますね。

これからは奪い合いの時代ではなく、分かち合いの時代になります。

《愛・エネルギー》を分かち合うわけですね。

こういう考え方になりますと、経営もかなり変わってくると思います。

こんなことがありました。

私が描き出した、宝石を綺麗にするパターンを、テレビの映りがおかしかった時に、テレビの上に載せられた方がおられました。

そうしましたら、ちゃんと映るようになったそうなのです。

確かに電波も波動ですから、おそらく対応したのかなと思います。

宝石を絵の上に載せておいて形が変わるというのは、分子構造が変わることなので、たぶん原子や原子核に影響を与えているのだろうと思っていましたら、MRA（註6）という、波動をキャッチする機械が出来まして、私の描いた絵から細かく強い波動が出ていることが証明されました。

とにかく《真我》からの情報に従って表現すると、今までの地球上の常識では考えられないようなものが表現出来ますから、是非皆様もこの方法を使っていただいて、《神を顕現》する時が来ていますので、みんなで顕現して地球上の波動をどんどんあげていって下さい。

今、皆様の波動がどんどんあがっているというのは、地球が浄化をしていて、地球レベルでどんどんウミを出しているのです。

去年なんかすごかったですよね。

バブルが崩壊したのも、ウミを出す作業だったのです。

ですから現象だけ見ている方は、「大変だ」とか「世紀末だ」とか言われるのですが、ウミを抱えたままでは新しい時代にはなれませんから、ウミはどんどん出した方がよいと思います。

そうじゃないと、変われないのですよ。

今、日本の政界もウミを出していますが、決して大変なことではなくて、とことんウミを出せばどんどん良くなります。

ただしウミを出す時に、多少犠牲のようなことが起こったり、犠牲になる方もおられるかもしれませんが、犠牲になる方も実はそういう波動をその方自身が持っているのです。持っていなければ、その渦に巻き込まれないわけですから、全部ご自分の責任で、仕方がないですよね。

地震だとか、交通事故だとかでお亡くなりになる方もおられますが、これも自然淘汰なのです。

自然淘汰にひっかからないためにはどうすればよいかと言いますと、波動をあげるしかありません。

波動の高い方には、例えば、東京に大地震がある時には「何だかわからないけど、どこかに行きたくなってしまった」とか、「なぜだか出張になってしまった」など、必ず情報が入るはずなのです。

ですから、波動があがっていれば良いことだらけですので、どんどん波動をあげていって下さい。

宇宙との調和度

このあたりで、何かご質問がございましたらお願いします。

――足立先生の宇宙との調和度のパターンの意味を教えて下さい。

私のパターンで基本の形の縦の部分は、宇宙との調和度を見ていまして、横の部分が社会とか他人との調和度を見ています。

これは〔霊・魂・体〕を表わしていまして、みんな三位一体だということです。魂《ハート》の部分から横に手が出ているところに意味がございまして、これからは社会や他人と、ハートのコミュニケーション、即ち「本音でやっていきましょう」ということですね。

それで本音でコミュニケーションをとり出しておられる方は、ここに穴があいて、《おおもと》から入ってきたエネルギーを現実に流し出しておられます。

四~五年前は、基本の形さえも出来ていない方が殆どだったのです。

ですから皆様は、ものすごい勢いで変わっておられるのですね。

基本の形が出来る前は、丸か三角タイプだったのです。

丸は感覚人間の方で、三角は観念を使って考えて頭で構築される方です。

こういう枠をつくって現実に表現するような、こんな狭い中で私達は今まで生きてきたのです。

枠をつくっていましたから、《真我》と繋がっていなくて、エネルギーは入ってこなかったのですね。

ところが皆様方は、やるだけやって「もういい、もう疲れた、もっと楽になりたい」ということで、四年くらい前に枠がパーンと割れたようです。

脱サラが増えた時期が、この現象の表れだったのかも知れません。

風船が割れると外側に丸くなりますが、「もうやるだけやって疲れた。これからは本音でいくんだ」となられた方は、枠が割れて外側に丸まったのです。

そういう方は割れてすぐには、ボーッとしておられたと思います。

何年か前に「何もやりたくない」という時期があった方は、枠が割れたばかりの、植物に例えれば種の時期だったのですね。

それで「何だかこの方が楽でいいや。これでいこう」とある程度ご自分の中で決められてますと、ハートが定まって穴が空いて、《真我》からエネルギーが入ってくるわけです。

そしてもうこの生き方に決められて不動心を持たれますと、これが真っ直ぐになって、図のような形が出来上がります。

それでご自分の中の調整がとれて、次に「社会とか他人と本音で付き合お

図3　宇宙との調和度の基本形の進化

（第1段階〜第4段階まで）

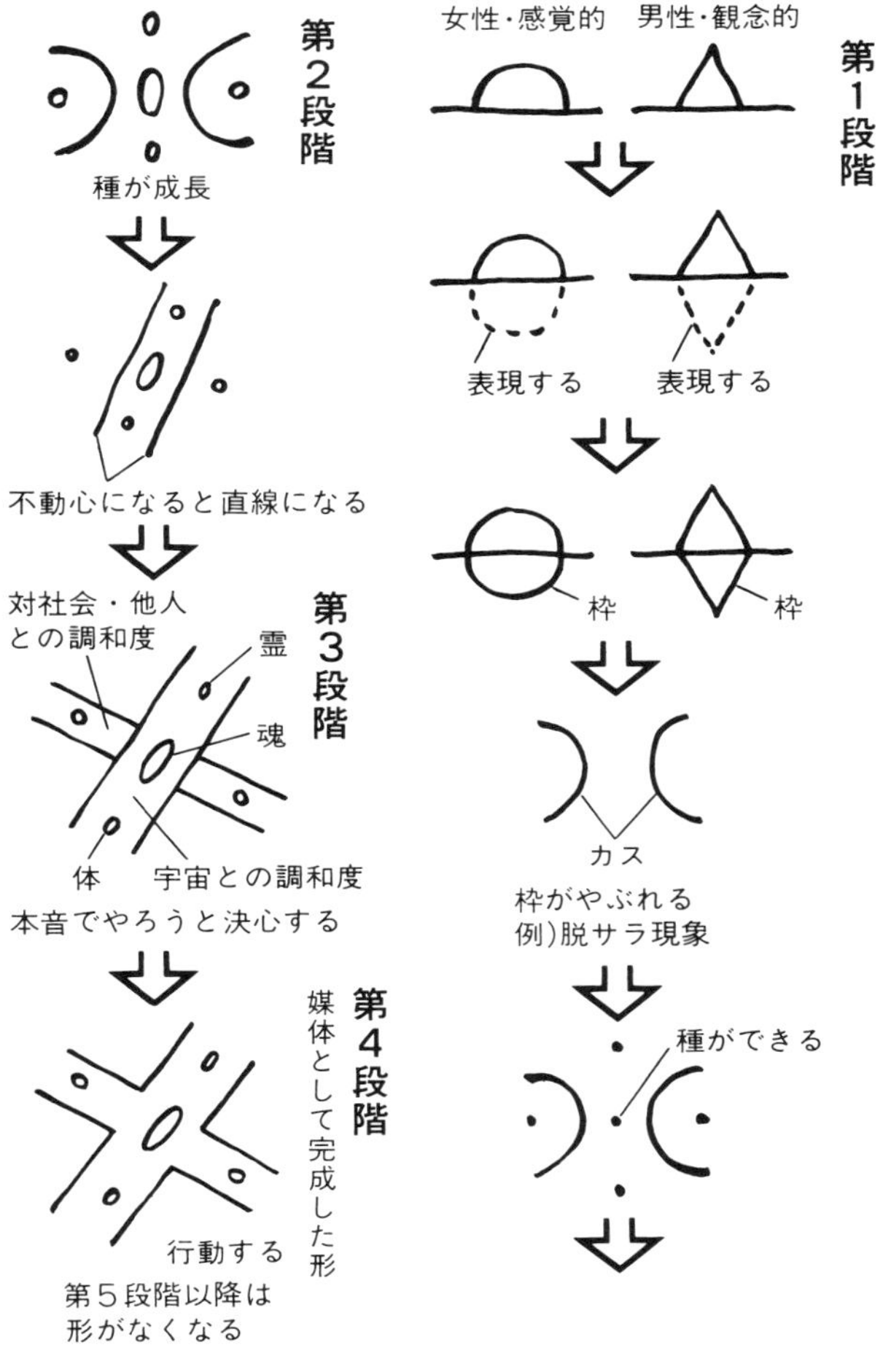

う」と思われると、横にも手が出てくるわけですね。

そして現実に本音で行動をとり出されますと、ここに穴が空いて、《真我》から入ってきたエネルギーが、どんどん現実に流れ出すという感じで私のパターンは出来上がっています。

「奥に本当の自分がいて、この肉体を持った自分は、実は《宇宙・真我》の媒体なんだ」ということで、完成した形として第四段階までやってくるんですが、第五段階に入ってきますと「もう媒体じゃないんだ。《真我》と自分とは一つなんだ。一人一人が神なんだ」という状態になってくるわけなのです。

もう媒体ではなくなって《真我》と一つになってきているので、《冷静な自分》がかなり表面に出てきて、そちらが主導権をとり出しますから、第五段階からは基本の形は消えてしまうのですね。

私の絵の描き方も最初は自動書記で、手が動いて描かされるというのを五年くらいやっていました。

これは、媒体だけの時期ですよね。

そのうちに段々とこれが出来なくなってきて「もう絵は描けなくなるのかなぁ」と思っていましたら、今度はどうも自分で描くような感じになってきました。

それで「これからは本当に、足立幸子が表現するというふうになっていくんだなぁ」ということがわかってきたのです。

皆様もこれからは、「自分で表現している」という感じにだんだんなっていかれると思います。

第一段階から第十段階までどの段階も10のステップになっていまして、十のステップになると次の段階に入っていくという感じです。

そして十段階の10のステップが終わりますと○《まる》に入って、それからは何重○《まる》とズーッと行くわけです。

私には何重○という情報しか入ってこないのですが、私の兄には○の何十乗という情報が入ってきます。

ですから「あとは兄がやればいい」ということで、私の役割は、おそらく皆様が○にいかれるまでのサポートだったように思いますので、私の話ももういらなくなりますから、「年内で話はやめます」と申し上げています。

色々な役割分担があるわけで、兄のように○の何十乗という情報は入ってこないので、私のこういう役割はもう終わった感じですから、あとはアーティストやデザイナーとして、より多くの方のところへ良い波動が届くように、普通にやっていけばいいのではないかなと思っています。

図4　宇宙との調和度の表わし方

第10段階の10(ステップ)よりさらに段階が○(まる)になり◎や◎と無限に調和度がすすんでいきます。

足立幸子さんは、第1段階から第10段階まで、そして各々の段階をさらに10のステップにわけて宇宙との調和度を測定されていました。したがって第1段階の1から第10段階の10まで合計100の段階で宇宙との調和度を測定することが出来ることになります。当時、まれに○や◎やそれ以上のレベルの方もおられたようです。

私は個人のためのヒーリング・アートというのを、お一人お一人の波動をキャッチして、その方に必要な絵を描いて、お金をいただいていました。まだまだ多くの方からご希望があったのですが、五月にスパッとやめたのです。それはどうしてかと言いますと、五月頃で第五段階が普通になってしまったからなのです。

第五段階はもう媒体ではなくて《真我》と一つになっていて、〔自立の時〕に入っていますから、私の絵さえも頼らないでいただきたいのです。

自分の外に頼り出したら、キリがありませんからね。

皆様の中に《真我・神》があるのですから、自分自身にきけば全部わかるので、〔外にいっさい頼らない〕という姿勢で生きていっていただきたいのです。

ですから「人に依存心を起こさせるような絵は、もう描かない方がいいんじゃないか」ということで、スパッとやめたわけです。

図5　宇宙との調和度の表示の具体例

足立幸子さんは、 講演会にこられた人の名簿を見ながら下の例に示したような、その瞬間の“宇宙との調和度”のカードを作成し、講演にこられた人に差し上げておられました。

例1

この人の場合は、第3段階の1(ステップ)ということになります。

例2

この人の場合は、第5段階の3(ステップ)ということになります。

例3

この人の場合は、第10段階の2(ステップ)ということになります。

例4

この人の場合は、○(まる)の段階ということになります。

でも私に欲があれば、まだまだたくさんの方からのご注文がありましたから、描いていたでしょうけれど、欲を出せば宇宙との調和度が落ちることがわかっていますから、いっさい欲は出さないで、やめる時がきたのでやめました。

欲を出したらキリがないですから、直観で「もう時がきたな」と思われたらスパッとおやめになることが、これからは個人でもお仕事に関しても大事ですね。

欲でいつまでもズルズルやっていますと、どんどん宇宙と不調和を起こしてしまいます。

落とし穴はたくさんあって、〔お試《ためし》〕は次から次へとやって来ます。

地球上から肉体が消えるまでずっと「試されている」と思われたらよいくらいで、次から次へと〔お試〕は来ますね。

調和度があがればあがるほど、また更に〔巧妙なお試〕があの手この手で来ますので、何か問題が起こったら「試されているんだな、その手には乗らないぞ」という感じで対処されたら大丈夫だと思います。

私にも甘い話とか、色々な〔お試〕が来ます。

油断すると、ついフラッと〔お試〕に乗ってしまいそうになりますので、そうならないように気をつけています。

ですから今、恐いものは何もないのですが、〔お試〕に乗ってしまいそうになる自分だけが恐いですね。

ただ、自分の中に欲の波動がまったくなくなってしまえば、そういう話もこなくなります。

甘い話がくる間は、自分の中に欲が残っているということだと思いますから、それも本当に自分次第で、全て自分ですね。

誰のせいにも出来ません。

自分には全く非がなく、どこから見ても相手のせいに思えるようなことも、〔巧妙なお試〕とお考え下さい。

そういう状況を引き寄せたのも、ご自分から出た波動なのです。

ですからここで「あの人が悪い」などと思ってしまいますと、ますます荒い波動が出て、その波動に相応《ふさわ》しい状況がまた返ってきます。

こういう時こそ、自分の中にある原因を見つけるチャンスです。

自分から逃げないで、自分をシッカリ見つめてあげて下さい。

そうするだけで、今までのレベルから卒業でき、波動もうんとあがるのです。

波動があがればあがるほど、どんどんこだわりがなくなって、ますます楽になっていって、直観はどんどん冴えてきて、答えはすぐ返ってくるようになります。

「これは、どういうことかな」と思ったら、すぐポンと閃くようになるのです。

波動があがりますとサイクルが早くなってきますから、今まで一年かかったのが半年になり、半年のが一ヵ月になり一週間になってというふうに、すぐ実現するようになります。

そして、色々なことが出来るようになってきますので、ますます面白くなりますね。

新しい時代の教育

――問題が起こるのは、奥に本当の原因が潜んでいるとおっしゃいましたが、私の子供は二年前に高校で登校拒否を起こしました。

今は高校を中退しましたが大学検定に受かって、大学に進もうとしているのですが、どうして登校拒否を起こしたのでしょうか。

登校拒否も色々な理由があると思うのですが、ただ私が今、高校生だとしたら、私も行きたくないですね。

だって、どうしようもない学校が多いですからね。

「行きたくない」という方が正しいかもしれないというくらい、ひどい学校がありますでしょ。

やたら、規則ばっかり厳しくしたりしてね。

私は色々なことに反発してきましたから、もし今、高校生なら私も行かないと思いますよ。

行かない方が、マトモなのではないですか。

お子様は、今どうしておられますか。

――浪人をしています。

大学に行く必要があると、本当にお思いになりますか。

お子様の《深い部分の自分》が、「行く必要ない」と言っておられるのではないでしょうか。

全員が大学に行かなければいけない理由なんて、何にもないですからね。

世の中は今、百八十度変わろうとしているのです。

これからは「こうあるべきだ」とかを、全部外す時がきています。

大学に行ってマージャンをしているのだったら行く必要ありませんし、昔と違って今の大学は価値もありませんしね。

サラリーマンをおやりになるのでしたら、会社で昇進するために行っておいた方がいいのかもしれませんが、何かご自分で本当にやりたいことがあるのでしたら、大学なんか行く必要は全然ありませんから、もっと自由に好きなことをやった方がいいと思います。

大学に行かせたいというのも、親の価値観でものを押しつけていることが多いのですね。

親の言うことをきくことが本当の親孝行ではないということも、これからはよく考えていただきたいですね。

――子供をダメにしたのも、私が育て方を間違ったからでしょうか。

ダメにされたのではなくて、お母様の色に染めようとされたから、お子様が反発されたのだと思いますよ。

一人一人固有の波動を持っていると言いましたでしょ。

色に例えますと、固有の色を持っていて全員違うのです。

一人として同じ色の人はいないのですよね。

今、お子様達が、どんどん変わってきています。

それは、マンガの刺激がすごいのです。

マンガ家の方にはかなり波動の高い方がいらっしゃいますので、やはり閃きで情報が入っているのだと思うのですね。

それでマンガですごいことを表現しておられますので、子供達がそれに刺激を受けて、宇宙の本質がわかってしまったのですよ。

ところが親が全然わかってないですから、相変らず自分の枠に子供をはめようとして、子供達をおかしくしてしまっているのですね。

それで「何とか親の意識を変えなきゃいけない」ということで、去年は主婦の方が私のターゲットで、主婦の方に何度もお話したのです。

その時によく「上の子は自分の言う通りになるのですが、下の子は全然言うことをきかない。どうしたらよいでしょう」ときかれました。

それは例えば、お母様の色が赤だとしますね。

上のお子様は、オレンジかなんかで、色が近いのですよ。

ですから、お母様は自分の色に染めやすいわけです。

ところが下のお子様は、全然違う色なのですね。

ですからこれを染めようとしたら、その子をおかしくしてしまいますよ。染めることは、無理なのです。

ですから本当にそれぞれ色が違うわけですから、染めようとしないことですね。

色が違うことを認めた上で「この子の色のままで、世の中で自分をうまく表現させてあげるには、私はどういうサポートが出来るんだろう」というふうにとらえられればよいわけです。

自分の色に染めようとするから、子供の本当の色を濁らせてしまって、お子様はおかしくなるし、お母様も無理に苦しんでおられるのですよ。

染めようとされなかったら、本当に楽ですからね。

一人一人色は違うのですから。

私の母親は、子供を人と比較したり競争させる親だったのですが、私はことごとく反発しました。

「○○ちゃんを見てごらんなさい」とかよく言われたのですが、「私は○○ちゃんじゃないんだ」と反発して全然言うことをきかなかったのですが、一人一人波動が違うのですから、比較も競争も出来ないですよ。

そんなことは、ナンセンスですね。

宇宙の本質がわかったら、比較も競争も出来なくなってしまいます。

一人一人違うのですから、競争も意味ないし、比較だって出来ないですよね。

このへんが本当にわかりますと、ものすごく楽になりますよ。

「私は私なんだ」ということで、いっさい無駄なことはやらなくなりますから。

結婚もそうなのですよ。

今までの結婚は依存型で、どちらかの色に染めるやり方でした。

この方が、一見楽なように見えますからね。

染めようとするから、喧嘩をするわけですよ。

ところがこれからの結婚は、〔パートナー〕という感じなのです。

パートナーというのは、精神的に自立していないと成り立ちません。

ですから「お互いに違う色だ」ということを認め合った上で、一緒に協力してやっていくのです。

これだと喧嘩はありませんね。

色が違えば違うほど、おもしろいものが出来るのではないでしょうか。

今までのご夫婦でしたら、なるべく色が近くないと大変でしたよね。

とにかくこれからはあらゆる意味で、本当に百八十度変わりますから、今までの考え方で枠にはめてやっていこうとすると、不調和がどんどん起こってきます。

お子様は、何というお名前ですか。

――戸籍の名前ですか。名前を変えたものですから。

なぜお名前を変えられたのですか。

――姓名判断で言われまして。

戸籍の名前だと、どうなると言われたのですか。

――とにかく良くないと言われましたので。

ある方から電話がかかってきまして「姓名判断でみてもらったら、苦労するから名前を変えた方がいいと言われた」とおっしゃるのです。

でも名前さえも、実は意味なくついていないのですよ。

別に親はチャネルしたわけじゃないのですが、とにかく意味があってついているのです。

だから苦労する名前だったら、それはそういった苦労を味わうために地球に来たのですね。

「苦労するというのは、どういうことなんだろう」と味わいたいから、そういう名前をご自分が選ばれたのです。

だから、ジックリ味わった方がよろしいですね。

名前を変えるなんて、逃げですよ。

逃げないで、シッカリ味わってクリアーした方がいいですね。

クリアーしたら、すごく楽になります。

私は三日前まで個展をしていたのですが、そこに来られた方が何かの占いに凝っていらっしゃるのですね。

それで私の生年月日をきかれまして「あなたは性格が極端で、好き嫌いがはっきりしていて」とか、どうのこうのと言われるのです。

今までの私は、確かにそうでした。

でも私はそれに気づいてクリアーしましたから、今の私には占いのような統計学はもうあてはまらないのですね。

今までの自分に気づいて、極端な自分に疲れ果ててしまって「もう変えよう、もっと楽になっていこう」となったわけですから、今の私は昔の私ではないのです。

これからはそういう方がどんどん出てきますから、占いなんかには凝られない方がいいですね。

自分を知ってクリアーしてしまえば、占いはあてはまらなくなりますから、これからはあらゆる統計学がどんどんズレてくると思いますよ。

それから超能力者とか霊能力者とかいった方が色々と言われますが、全部正しいと言えば正しいですし、間違っていると言えば間違っているのですね。それはその方自身の波動と同じ波動の情報しか、同調してキャッチ出来ないようになっているからです。

ですから同じ情報をキャッチしても、どこのレベルでキャッチしているかによって答が違って当然ですね。

皆様それぞれのレベルで情報をキャッチして、伝えておられますので、全部正しいと言えば正しいと思います。

私達もその時々の自分に必要以上の情報がきたって理解出来ませんから、情報を無理にほしいなんて思わないことですね。

そう思うと、欲になります。

本当に必要な情報なら、こちらの準備が全部整った時にちゃんと入ってきますから、いっさい焦らないことですね。

「いずれ自分が本当に必要な時に、ちゃんと入ってくる」と、《真我》をもっともっと信じて下さい。

こういう感じですから、今までの本に書いてあることなどは、「今までは」それで良かったのです。

でもこれからは、とにかく変わります。

ですからいつまでも、今までの本に書いてあったことにこだわらないことですね。

皆様方のお一人お一人に、どんどん新しい情報が入ってきているのですから、そちらの方をやっていただきたいのです。

「良い悪い、正しい間違っている」というわけではないのですが、「その方が、宇宙と調和のとれた結果が出ますよ」という感じですね。

私は名前を変えるのは、逃げだと思いますね。

逃げないで、シッカリ味わって、クリアーされた方がよろしいのではないですか。

私が皆様の調和度をキャッチする時は、お名前はいらないのです。

全て波動ですからね。

同姓同名の方でも「今日この会場におられる○○さん」として波動を見れば、その方をキャッチして描き出せますね。

お一人お一人固有の波動で、その波動をキャッチするだけですから、生年月日もお名前も何もいらないのです。

ご質問の方のお子様の、宇宙との調和度を見てみますね。

今の瞬間は第七段階と出ます。

昨日は第九段階ですね。

今の瞬間も第七段階ですから、そんなに不調和を起こしておられるわけではないのですが、昨日は何をしておられましたか。

――昨日は遊んでいましたし、今日は家庭教師の方が来ておられます。

それは、イヤイヤ勉強しておられるのですね。

ご自分で納得しておられないのですよ。

納得していないことをしますと、当然調和度は落ちますすね。

お子様は勉強をおやりになりたくないのです。

全員勉強しなければいけない理由なんて、全然ないですよね。

お子様は、何かお好きなことはおありになりませんか。

――絵を描くことが好きみたいです。

じゃぁ絵を描くことで、《宇宙＝神》を顕現してもよいわけですよ。

とにかく親に迷惑をかけないで自立出来ればよいのですから、何をしてもよいわけです。

でも親御《おやご》さんが、大学に行けだの何だのと言われるのは、世間体《せけんてい》とかの〔ご自分の枠〕にはめようとされているだけで、お子様のことを本当に思っておられるのではないのです。

ご自分のために、枠にはめようとされるのですね。

本当にお子様のためを思われたら、その子が本当にイキイキと生きられることをサポートしてあげることです。

——子供は勉強する意志が全然ないのですか。

お子様には、勉強しない方がいいのでしょうね。

これから、そういう見方で見てあげて下さい。

そうしたら、どうしたらよいかが見えてくるはずです。

今までの世間の尺度で見ないで「この子にとって本当に良いのは何なのか」ということで、親御さんはとにかく〔ご自分〕を横に置かれて、世間体なども全部とられて、純粋にお子様に接していただいたら、どうすればよいかが見えてくるはずです。

純粋にやらないと宇宙と調和のとれた答えが返ってこないですから、ご自分の我欲とか世間体を全部横に置いて、ボーッとリラックスして、「うちの子供のために、どうすれば一番良いのか」と、本当に純粋に思ってプログラムして、あとは忘れていて下さい。

何かをしている時に「ああ、こうしたら良いかもしれない」とポーンと閃きます。

お子様に問題のあるお家は、だいたいご両親に問題がありますね。

ご夫婦の不調和が、ご自分達に出ないでお子様に出ています。

ご夫婦の不調和があっても、お子様が強かったら、親を反面教師としてそれもクリアーしてしまうのですが、弱い子はやはりおかしくなってきますね。

ですからまずは、お子様というよりご夫婦の調和をおとりになることです。

小さいお子様でも、宇宙との調和がとれておられる方は、理由もなく泣いたり騒いだりされなくて、いつも穏やかにニコニコしておられます。

それは、どんどんあがっていく地球の波動をキャッチされ、大人達よりも早くこれからの時代の波動になっておられるからだと思います。

調和度の高い夫婦

先程も申しましたが、今は地球レベルでウミを出しているのです。ですから個人も企業も、どんどんウミを出していただきたいのですね。

経営者の方にも「ウミを出すのでしたら、今のうちですよ」とお話しています。

みんながウミを出して、みんなが信用ガタ落ちになっていますから、今のうちでしたら目立たないのです。

「うちはウミを出さなくても、何とかうまくいけそうだ」とごまかして、ウミを抱えたまま行くとしますよね。

ウミを抱えていては、新しいエネルギーには絶対になれないですから、いつか出さなければならなくなります。

み〜んながウミ出ししてからウミを出したら、これは目立ちますよ。

本当に信用をなくしますから、今のうちなのです。

ウミがなければいいですが、何かしらあるはずですから、個人も企業も今のうちにウミを出しておかれた方がよいですよ。

「わかっちゃいるけど、見たくない」と蓋をしているものが、いっぱいあるはずです。

勇気を出して、蓋を開けて下さい。

地球レベルでもウミを出していますから、個人のレベルでもとにかくウミを出さないと、どんどん不調和が起こります。

ご夫婦でも、ウワベは何となくうまくいっているご夫婦がいっぱいおられますね。

ウワベはうまくいっているように見えても、実はギクシャクしていたりとか、「うちは理解があるんです」と言われますが、理解があるのではなくて無関心とかね。

これで幸せならいいですよ、ご自分が納得しておられるのなら。

でも家にいると何となく悶々としておられるのでしたら、良い波動が出てないのです。

そしてその良くない波動が、お子様に全部行ったりするのですから、良いわけがないですね。

とにかくこれからは、皆様に良い波動を出していただきたいので、何だかわからないけどモヤモヤしたようなものは、全部スッキリさせなければならない時にきています。

ご夫婦でも一緒にいて、お互いに何となく無視して「それなりにうまくいっているからいいや」と思っておられて、それでなおかつ幸せに感じておられるかどうかですね。

幸せじゃなかったら必ず否定的な波動が出ていますので、そういう方は地球のためにも良くないですから、きっと一掃《いっそう》されてしまいますよ。

ですから世間体とか、子供のためだとか何とかと言って、ウワべだけ繕って一緒にいるのだったら、この際スパッとハッキリさせて結論を出した方がいいのではないかと思いますね。

本当に、そういう時にきています。

よく奥様で、「うちの主人は、もう話してもダメなんです。わかりあえないのです」と言われる方がおられるのですが、「何年前に話し合われましたか」とおききしますと「十年前です」とか言われるのですよ。

人間というのは変わりますから、今また本当に本音で話し合われたらわかりあえるかもしれないですから、もう一度本音で話し合われて、それでダメならもう仕方がないですから、別れられた方がいいですね。

悶々として悪い波動を出しているのは、地球のためにもなりませんから、ハッキリさせた方がよいと思います。

「せっかく何とかウワべはうまくいっているのに、波風が立つ」とか何とか言われるのですが、私が波風を立たせたご夫婦は随分おられます。

でも皆様「話し合ったらわかりあえて、スッキリしたから良かった」と言っておられますよ。

その時チョットぶつかっても、とにかく本音で言えば絶対にわかりあえるはずです。

「何かトラブルが起こるということは、全て悪い」と思っていらっしゃる方がおられますが、これはウミを出しているだけで、その結果あとで良くなるのでしたら、出してしまった方がいいですからね。

ですからその時は少しイヤな思いをされるかもしれませんが、いつか必ずわかりあえますから、やっぱりもう一度本音で話し合われたらよろしいのではないかと思います。

進化したセックス

ここでセックスについてお話しておいた方がよいと思いますので、喋らせていただきます。

去年の暮れからセックスについて話し始めました。

私も最初は「人前でお話するのはイヤだな」と思ったのですけど、意味があることだと思いましたので喋り出しました。

実は、こういうご夫婦にお会いしました。

ご主人様はどんどん波動があがってきておられて、奥様とは四段階か五段階違っておられました。

離婚が許されるたった一つの理由は、意識が違ってしまった時だけなのです。意識が一段階以上違ってしまうと話が通じなくなりますから、人間関係がかなりキツクなります。

なぜかと言いますと、例えば、ご主人様が第九段階としますと、そこから下が全部見えておられるのですよ。

奥様が第五段階としますと、そこから上は見えないのですね。

ご主人様は第九段階から下が見えておられるので、そのつもりでお話になられますと、奥様は第五段階から上が見えておられませんから、わかりなさいと言っても無理なのです。

いくら言っても無理ですね。

いくら言っても、通じない部分があるわけですよ。

ですから意識が違ってしまった時だけ、「仕方がない」ということで本来離婚は許されるそうです。

ただ「意識が違ってしまったから、はいさようなら」というのではなくて、相手の意識があがってくるのを待ってあげるのも《愛》なのです。

ご主人様と全然通じないというご夫婦を見ましたら、一段階以上違っていました。

先程のご夫婦もご主人様の波動がどんどんあがってきてしまって、「セックスなんて、どうでもいいじゃないか」と思い始められたのですが、奥様はまだ納得されないのですね。

私は、ご主人の意見に賛成なのです。

それでそのお家に遊びに行った時に、奥様を納得させるのに朝までかかったことがありまして、「そろそろこういうお話をしておいた方がよいのかなぁ」と思いまして、それでこの頃大勢の方の前でお話しています。

私も最初はとても照れくさかったのですが、仕方がないという感じでお話しています。

カタカムナという本（註7）に、本来女性は宇宙から直接エネルギーが採れますが、男性は直接は得られないと書いてあります。

これから地球の波動がどんどんあがりますから、これからはどうかわかりませんが、今まではそうだったらしいのです。

それで男性は女性と抱き合うことによって、エネルギーをもらったのだそうです。

それだけでエネルギーの交流が起こりますから、本来抱き合うだけでよいわけですね。

そしてセックスの行為そのものは、子孫繁栄のために子供をつくるためだけのものだったのです。

動物は年に何回とか本来の通りにやっていますが、人間はいつの間にか、年がら年中になってしまったわけです。

おそらく人間の欲望が、快楽のためにそうしてしまったのだと思います。

今はもう、セックスも含めてあらゆるものが行き着く所まで行ってしまいましたから、原点に帰って本質を見直す時が来ています。


男性はエネルギーをもらうためには抱き合うだけでいいのに、行為をすることによって逆にエネルギーを使ってしまっているわけですよね。

ですから子孫繁栄のためには行為をしてもよいのですが、普段は抱き合うだけで充分エネルギーを得られます。

抱き合うだけで、一つになることによって、行為そのもので味わうようなエクスタシーなんか問題じゃないくらい、もっとすごいエクスタシーを味わえるわけですね。

「行為そのものを、もっと味わいたい」という方は、ご自由に味わってもらって結構なのですが、「そうじゃなくていいんだ」ということを皆様にお伝えしておこうと思いまして、こんなお話をしています。

私自身も立って男性と抱き合っていただけで、気を失ってしまった経験があるのです。

私はセミナーは大嫌いなのですが、愛情面で一人ではどうしてもクリアー出来ないことがありましたので、イギリス人がやっているセミナーを一つだけ受けたことがありました。

講義の実習で、そのイギリス人の方と抱き合ってエネルギーの交流をしようと思ったら、相手もそう思っていたらしくて、本当にエネルギー的に一つになってしまって、気を失ってしまったのです。

二人で一つ、宇宙と一つという状態になってしまって、どのくらい抱き合っていたのかも覚えていないのですが、とにかく気持ち良くって立ったまま気を失ってしまったのです。

それでフッと我に返ったらセミナーの最中でしたから、回りで三十人くらいがみんな見ているのですよ。

お互いに気がついてビックリしたのですが、完璧にエネルギーが交流してしまって、私はその時、腰が抜けてしまったのですね。

そして、這《は》って自分の席に帰ったくらいでした。

ですから「お互いに一つになって、エネルギーの交流をするんだ」と思えば、スーッと一体化してエネルギーの交流が出来るのですね。

また男女二人で抱き合わなくても、一人で宇宙と一つになったら、もっとすごいことが味わえるはずです。

必ずしもセックスの行為そのものによって、味わうだけではないですから、そのへんも勇気を出してどんどん体験していただきたいと思います。

友達のチャネラーが言っていたのですが、宇宙人が、地球人がセックスしているところを見て「あれは何だ、地球人はなぜあんな苦しいことをやっているんだ」と言ったそうなのですが、彼らは進化していてもっと先を行っているので、快楽のためにセックスなんてしませんから、彼らから見るとそう見えるのでしょうね。

たぶんセックスをしている時の男女の波動というのは、かなり荒いと思いますから、これから地球の波動がどんどんあがっていったら、合わなくなってくるだろうと思います。

今、段々そういう兆候が出ていますから、皆様も何となく感じておられるのではないでしょうか。

だけど反対に、週刊誌などがすごいことを書いていますが、出来るだけそういう荒い波動のものに同調されない方がいいですね。

昔の人は自然とともに生きておられましたから、知恵がありました。

知恵というのは《真我》からくる情報ですから、ポンポン情報が入ってきていたのでしょうね。

私達はいつの間にか、知識と観念で行動をとり出してしまったために、自然から遠ざかってしまったのです。

自然から遠ざかるということは、宇宙から遠ざかることですね。

その結果情報が入らなくなってしまって、地球は今これだけ不調和を起こしているわけですから、「これからは、知恵を使いましょう」という時がまたきているわけなのです。

中国の仙道では昔から〔接して漏らさず〕という言葉があるのですが、男性も女性もその方がいつまでも若々しくいられそうです。

地球よりもっともっと進化している星ですと、二百歳・三百歳の宇宙人がざらにいるわけですよね。

でも皆様が〔抱き合うだけで充分なんだ〕ということがわかってこられますと、地球上でも元気で百歳・二百歳という方が出てこられると思います。

現実に起こっている状況というのは、全て意味があって起こっていて、意味のないことなんて何も起こりませんから、今男性の方でストレスでセックスの元気がなくなって涙ぐましい努力をしておられる方が大勢いらっしゃると思うのですが、無理に色々される必要はないですね。

全部意味があって起こってきていますので、ストレスでそうなったとしても、それは「もう必要ない」という情報ですよね。

抱き合うだけで充分味わえますので、味わえば皆様納得されますから「抱き合うだけで二人が一つになるんだ」と思って、抱き合って静かにしていれば、スーッとエネルギーの交流が起こってきて溶け込んで一つになれますので、是非お試しになっていただきたいと思います。

「こうあるべきだ」という枠をはずそう

――私は今まで、知識とか経験によって知恵が生まれると考えていましたが、先生が言われている知恵というのは、それとは違うものですね。

ということは知識や経験を積めば積むほど、先生が言われた知恵とは次元が違ってしまうのでしょうか。

我々は媒体として宇宙の波動を顕現すると言われましたが、ある程度の素地がなければ、我々を通して宇宙の波動も顕せないと思うのですが。

表現する時に、今まで得た知識と経験が必要なのです。

情報が入ってきているだけで、表現しないことには意味がありません。

肉体があるから、はじめて表現が出来るわけですので、知識と知恵を両方バランス良く使うことが大切ですね。

――今まで全く経験しなかったことや、知らなかったことが、はたして閃きで生まれるものだろうかと思うのですが。

今まで知らなかったことというのは、知識として入ってなかったことですから、頭では考えられないわけですよね。

でもそれは《真我》からでしたら、入ってきます。

――例えば、バナナを見たことも食べたこともない人が、バナナを思い浮かべるだろうかと思ってしまうのです。

自分に知識や経験がないと、夢の中とかボーッとした時とかに、閃きや直観で出てこないのではないでしょうか。

今までに「ええっ、何で自分がこんなことを思いつくんだろうか」というような、思わぬ閃きが出てきた経験はおありになりませんか。

――**あります。**

皆様おありになるのですよ。

でも今まで経験がないから「まさかこんなことが、自分に出来るわけがない」と頭で考えて否定しちゃうわけですよね。

これを否定しないで、閃いたらそのまま素直に表現してみたら出来てしまうのです。

とにかくやってみないことには、納得がいきませんね。

でも納得というのは、ご自分で行動に移して、体験を通してしか得られないわけですから、「とにかく、おやりになってみて下さい」としか言いようがないのですね。

皆様、絶対に閃いておられるはずなのです。

閃きだと、今まで本当に知らないような思わぬことが閃いてきます。

例えば、私は「精神世界の本は絶対に読まない」と決めていましたから、「心眼が開かれるためには、情の部分をクリアーする」なんて、以前には考えてもみませんでした。

私に色々な現象が出てきた時に「見えない世界のことも少しは知らなきゃ」と思って本を読もうとしたのです。

そうしたらまた面白い現象が起こったのですけど、一ページ読んで次のページをめくると、前のページに書いてあったことを、全部パカッと忘れてしまうのです。

「今までそんなことないのに、何だろう。歳のせいで健忘症になったとしても、ちょっとひどすぎるな、おかしいなぁ」と思って、それでも一生懸命勉強しようと読むのですけど、とにかくページをめくると、前のページのことを完全に忘れてしまうのです。

「これは、何なのだろう」とある時ボーッと歩いてましたら、「必要ない」と閃くわけですよ。

ああいった本は、昔の人の誰かがチャネルして書いたわけですよね。

これからは全員が、自分で直接情報を得られるようになるので、その時になまじっかの知識があるよりは、マッサラの方が素直に情報を受け入れられるので、かえっていいのではないかと思いました。

それで「今まで書いてあるような知識は、もういらない」ということで、本を読むのはいっさいやめたのです。

こんなふうに何も知らないで、私は皆様に閃きだけで「口からデマカセ」

で出るに任せてお話しているのですが、先日も飛騨高山でお話をした時に、きいておられた男性が、その日何だかわからないけど帰りに本屋さんに寄られたそうです。

そしてパッと目に入ったのが、道教の本だったのですね。

それで「何だかわからないけど、買った方がいいみたい」ということで読んでおられましたら、私の言っている内容そのものが書いてあったと言われるのですよ。

私は道教を読んでいないので、何が書いてあるか知りませんから、私もビックリしてしまいました。

ですから私には全然知識としてなくても、必要ならちゃんと閃くようです。

《真我》に素直に生きる

――最近、精神世界の本を読みたくなったり、実際に本屋さんに行ったら、そういう本ばかりが目についたりということがあって、先生の言われることを最近特に感じるのですが、本を読んでいても途中でやめてしまうのです。

一冊を何ページか読んだらもう、他の本が気にかかって読みたくなったりするのです。

そしてその本を読んでも、また他の本を読みたくなるのですが。

それは、全部読む必要がないのです。

ものごとは、単純なのですよ。

結局、一冊のほんの一部、ご自身に必要な所だけ読むのですね。

あとは要らないから、読む必要がないから、読みたくなくなる――ただそれだけです。

皆様は無理しておられるのです。

無理に「全部読まなきゃいけない」と思われますでしょ。

「本を買ったら、最初から最後まで全部読まなきゃいけない」と思われるのも、今までの観念ですよね。

本当にご自分に必要なのは一部かもしれない、一ページかもしれない、一行かもしれないのです。

そして「あとは、もう読みたくない」と思われたら、それは《深い部分の自分》が「もう必要ないよ」と情報を与えてくれているのでしょうから、頭で理由がわからなくても「もう読みたくない」と思うわけですよね。

ですからただただ素直に「もうこれだけ読めれば良かったんだ」と思って、読むのをやめればいいだけです。

それを今までの考え方や、そして欲もありますよね。

「せっかく買ったのに、一行だけじゃもったいない。全部読まなきゃいけない」とかね。

こういうものは、観念ですよ。

ご自分が「何だかわからないけど、もう必要ないみたい」と思われたら、読むのをやめられていいのです。

全部読む必要はないのです。

本当に必要なのは、一行かもしれないですよ。

その部分と波長が合って、そこに惹かれて本屋さんに行く気になったのですよね。

ですからそれだけ読んで、あとは無理に読まない方がよいと思います。

無理に読んで、いいことは何にもありません。

「イヤだなぁ」と思って読むと、そういう波動が出てしまいますからね。

私は子供の頃から、本来本を読むのは嫌いなのです。

そうしますとうまくなっていて、私の側に本を好きな人がちゃんといるのですよね。

それでその人に「こういう本があるんですって」と言ってその人に読ませておいて、あとで「どんなこと書いてあった」ときくのです。

そして「ああなるほど」と、確認するという感じです。

色々なタイプの人がありまして、活字の方が入りやすい人と、耳からきいた方が入りやすい人とがあります。

私は、耳からきいた方が入りやすいのです。

目で見ていると飽きちゃって、読むそばから忘れてしまうのですよね。

全員が全員、みんな本が好きじゃなければいけないということはないわけで、活字よりも耳の方が入りやすい人は、それでやればいいわけですよね。ですから「こうあるべキだ」というのを、どんどんはずしていかれたらよいと思います。

よく忘れてしまうことがありますよね。

私の話も、メモされてもされなくても、どちらでもよいのです。

どちらかと言えば、ボーッときいておられた方がよいと思います。

本当に必要なことは、ちゃんと入っています。

そして忘れているように思っていても、本当に必要な時にはちゃんと思い出します。

そして本当に忘れてしまったことは、それでよいのです。

必要がないから、忘れるのですね。

私は以前、一日に朝昼晩三回喋れと言われたことがありました。こういうのは初めての体験で、「どういう話の内容になるのかなぁ」と自分でも面白く思っていました。

でも朝昼晩五十人ずつ、いらっしゃる方が違っていました。そうしたら話の内容が、かなり違ってくるのですよね。

その時は一時間半という、限られた時間の中でお話しなければならなかったのです。

そうしますと、朝の時は〔ソントク〕の話なんて本当にいっさいパカッと忘れていて出てこないのですよね。

そして夜は徹底的に〔ソントク〕の話をしたのですが、私は知らなかったのですが、夜は経営者の方々が多かったのです。

ですから〔ソントク〕の話が、ちゃんと出てくるのですね。

だから必要がないから忘れているということを、私自身その時本当にわかりました。

必要があれば、ちゃんと出てきます。

忘れるということは必要がないからだとわかりますと、本当に楽ですよ。

ですから私の言いたいことは、「あらゆることにこだわらないで、もっと楽にやりましょう」ということなのです。


とにかく起こっていることは、全て意味があって起こっていますから、意味のないことは何もありません。

例えば、今までの人生を振り返って、「意味のないことをしてきたんじゃないかな」と思われることがあるかもしれませんが、今まで意味を持たなかったとしたら、これから先で意味を持ちます。

とにかく意味の無いことは、一つもしていないのです。

今までまだ意味を持たなかったものは、これから《真我》の自分で生きていって、本当の自分をどんどん表現していく時に意味を持ってきます。

ですから今まで意味が無いと思われることこそ、ものすごく意味を持ってくることになるでしょうね。

今日お帰りになられましたら、ぜひ今までの人生を振り返ってみていただきたいのですけれど、意味の無いことなんて何もされていないですし、今まで意味がないと思っておられたことはこれから意味を持ちますので、今までのご経験を大事にしていただきたいと思います。

他への依存を捨て、自立の時がやってきた
――もうグッズはいらない！

これからが、本番ですから。

今までの私達は、リハーサルの時代だったのです。

例えば、お芝居のリハーサルの時なら、台詞《せりふ》を忘れても人にきけますよね。

ところが本番になってしまったら、一人一人自分のことで精一杯ですから、人になんてきけないのです。

ですから本番になってしまったら、自分にしか頼れないですよね。

今は、そういう時代にきています。

今までの時代は、個人（パーソナル）の時代だったのです。

これからは個人を越えた、みんな繋がっている《真我》の部分で生きてい

くわけです。

〔パーソナル〕という言葉の語源は〔ペルソナ〕からきているらしいのですが、ラテン語で仮面という意味ですね。

今までの自分は、仮面をかぶっていたのですよ。

遂に、その仮面を取る時が来ています。

これからは、もう自分にしか頼れないのです。

リハーサルの時代が終わって本番ですから、誰にもきけません。

自分だけにしか頼れません。

ですからもう依存は出来ない、自立の時が遂に来たわけです。

全部自分にきくしかありません。


でもチャネラーの方などがおられてお金を出せばきけますが、いちいち彼らにききに行っていれば、いつまでたっても自立出来ないのです。

確かにすぐ答えが返ってくるので便利ですけど、それをやっていればいつまでたっても自立出来ませんから、とにかくまず自分にきくということです。時間がかかっても、最初は未熟でも、とにかく自分にきく作業をやっていただきたいのです。

そのうちに、簡単にどんどん答えがくるようになります。

ですから楽をしてはダメですね。

楽をして甘えていたら、いつまでたっても自立出来ませんから、とにかくご自分以外には頼らないでいただきたいのです。

全部、自分の中に答えがあります。

最近はフーチ（註8）とかオーリングテスト（註9）とかが流行《はや》っていますが、

私も以前凝ったことがありました。

私は全て〔遊ぶ〕という感じでやってきて、こういうものでよく遊んだ時期があったのですね。

全部プロセスですので、色々道具を使ってやる時期もあってもよいと思います。

でも私はそれを通り越して、「特別なことをしなくても、自分自身がセンサーになって情報をキャッチ出来た方が楽でいいな」とある時、思ったのです。

例えばフーチをなくしてしまったら何も出来ないというのでしたら不便ですから、それだったら「自分自身がセンサーになろう」と《真我》にインプットしたわけです。

先程もお話しましたように、これから皆様方の波動があがっていきますと《真我》からの情報がどんどん入ってきて、全員が能力を無限に発揮されるようになりますから、もうグッズ類もいらなくなると思います。

いつまでもエネルギーグッズ類（註10）やお守りにこだわって頼っていれば、これからの時代の波動と合わなくなるのではないでしょうか。

ご自分の本質以外のものは、みんな松葉杖だとお思いになればいいのです。これも〔巧妙なお試《ため》し〕で、魅力的に見える松葉杖ほど用心された方がよいですね。

もう自立の時が来ていますから、松葉杖に頼るのではなく、ご自分の足でシッカリと歩いて下さい。

皆様は、それが出来る《真我》を持っておられます。

「みんな一人一人の奥深くに《神》がいるんだ。一人一人が《神》なんだ」ということに気づいたら、もう自分以外にたよる存在を求めなくなりますから、いずれ宗教はなくなりますよね。

私は、どういうわけか宗教団体の方からも、喋ってくれと頼まれて、お話していいます。

そのときに「そちらの教典には、素晴らしいことが書いてあるじゃないですか。なんで私なんかに喋らせるんですか」とおききしますと、私の話は現実的でわかりやすいと言われるのですよ。

実際に生きている人間で、現実にやっているわけですから、私の方が説得力があるということで時々喋らされるのですね。

それで宗教団体に入っておられる方に「いずれ宗教は無くなるのですよ」と言っているのですが、皆さん「そうですよね」と言いながらもおやめにならないのです。

その方達は、わかっているのだけれど一人になるのが恐いのです。

ですから「そうですよね」と言いながら、「やめる」と言われるかなと思って見ているとおやめにならないで、相変らずみんなで集まってやっておられるのです。

私も以前「どこそこの集まりに行かないか。何とかをききに行かないか」とよく誘われて、なかなかわかってもらえないからどうやって断ろうかと思っていました。

それで「私は宇宙に所属していますから、地球上のどこにも所属する気はありません」と言いますと、もう二度と誘われません。

絵に関しても、「どこの美大を出たんですか」とすぐきかれるのです。

私は美大なんか出てなくて、地球上の誰かに絵の描き方を教わったわけではなくて《真我》からの情報で描いていますから、冗談で「宇宙大学の美術学部です」と言っています。

ユニヴァーシティ（大学）の語源は、ユニヴァース（宇宙）からきているという説もありますからね。

ですからこれからは皆様、宇宙大学に行かればよいのではないですか。地球上の大学に行かなくてもいくらでも情報が入ってきて、しかも人がまだ誰もやっていないようなことが出来るわけですからね。

ですからお子様が、地球上の大学を出なければいけないという理由は何もないのです。

これから皆様の意識が変わってきて、欲がなくなって、奪い合いではなくて、分かち合いになっていったら、争わなくなるのですね。

そうしますと、これから要らなくなる業種がたくさん出てきます。

変わる時は一気《いっき》に変わりますから、もう時間の問題と言ってもいいかもしれません。

争わなくなったら、警察いらない、おまわりさんいらない、裁判所いらない、弁護士さんいらないという感じになりますね。

結局、心が病気をつくっているのですから、皆様が悩まれなくなられてストレスがなくなって平安な気持ちでおられたら、病気なんかつくり出さないですから、お医者さんいらない、病院いらない、保険会社いらないと、いらない業種がたくさん出てきます。

それに代わって必要になる業種も出てきますが、現在は、いらない業種がたくさんあります。

よくいらっしゃるのですが、お医者さんが息子さんを、どうしても医者にさせたいというので、大学受験のとき、五浪とか六浪させてお子様をおかしくしてしまっているお母様がおられます。

それでこの話をして「もういらない業種がたくさん出てきて、お医者さんもいらなくなるんですよ。病院もいらなくなるんですよ。そんな先じゃないですよ。息子さんをおかしくしてまで医大になんか行かせようとしないことですね」と言っています。

そういう感じで、本当にいらない業種がたくさん出てきます。

先日、東京のロータリー・クラブで、たったの三十分で喋れというご依頼があったのです。

とにかく「絶対に断らない」と決めたわけですから、三十分でも行きました。「私はいつも三時間は話すのに、三十分で何をお話したらよいのだろう」と思っていた時に、会場で世界ロータリー・クラブの今年のスローガンが目に入ったのです。

それは、〈自分を越えた目を〉というものでした。

私の言おうとしているのは、正《まさ》にこれですよね。

世界ロータリー・クラブのスローガンも、そういうふうになっているのですね。

そして今年はインドの方が会長になられていまして、これは珍しいことで、今までは欧米の方が主になっておられたそうです。

それでその方が出されたスローガンが、〈自分を越えた目を〉というものだったのです。

それで「皆様、これの本当の意味がおわかりになっていますか」というところから話を始めて、何とか三十分でお伝え出来ました。

その時は男性の経営者の方ばかりという感じでして、そこで「弁護士いらない、医者いらない」だのとやったら、ロータリー・クラブにはお医者さんや弁護士の方が多いそうですね。

それを知らないものですから言いたい放題言ったのですが、あとで「実は、私は医者なんですけど」と何人かの方から言われて「ええっ」という感じだったのですけど、知らないというのは強いですね。

原点に戻って考える

これからは同じ業種がたくさんあっても、その業種間で必ず自然淘汰が起こると思います。

ですからどういうふうにすれば生き残れるかということなのですが、とにかく一度原点に戻ってみるということです。

例えば、チョコレートは今、単なる嗜好品になっています。

でも原点に戻ってみた時、チョコレートが一番最初に地球上で食べられるようになったのは、どういうキッカケ、どういう理由からかを考えてみればよいのです。

嗜好品で行ったら、いずれ先は見えているのです。

甘いものはもうそんなに食べられなくなるでしょう。おそらく皆様方は、これから段々と食べ物そのものもだんだん最低限しか口にしなくなるでしょう。波動があがってきますと、自然に外部から体内にエネルギーが入ってくるからです。

私達が食べ物を食べるということは、物を食べているのではなくて、食べ物の持つエネルギーを口から補給しているのです。

今の農薬漬けの野菜なんかはエネルギーが殆どないですから、ただ物を食べているだけで、かえってエネルギーを消耗しているようです。

それなら、いっそ食べない方がよいくらいですね。

波動があがってきますと、エネルギーがどんどん入ってきますので、もう口から補給する必要はなくなります。

おそらく、食事は一日一回くらいでよいと思いますね。

ですから仙人は霞《かすみ》を食べていると言いますが、その通りです。

食べなくてもよいわけですね。

そういう感じになっていきますから、お菓子なんかいらなくなってしまいます。

そうなった時、お菓子の会社はどうするかですよね。

ですから先程言いましたように、原点に戻ってみますと本質が見えてきますから、どうすればよいかわかってきます。

例えば、チョコレートの場合でしたら、一番最初は固形じゃなくて液体で飲まれていたそうで、元気になるために飲んだそうです。

そうしますとこれからチョコレートを使って、どういう商品をつくったらよいか見えてくるはずです。

今は、チョコレートに関して言いましたが、あらゆることに言えるわけですね。

地球上でなぜそれが出来たか、どういう需要があって出来たか、まず原点に戻ってみることです。

今は、あらゆるものが演出ばっかりになってしまっているのです。

アートでもそうなのですが演出ばっかりになって、本質がどこかに行ってしまっているのですね。

これからは本質を見直して、本質を表現していかないといけない時がきているので、そのためには原点に戻ってみれば本質が見えてくるのです。

私の絵は本質だけを表現していて、殆ど演出がないのです。

どの世界でも道を極めた方は、皆様《真我》と繫《つな》がってしまわれて、情報が入ってくるのです。

例えば、棟方志功さんはほとんど目が見えておられないのに、「見えてないのですが、何だか手が動いて彫れてしまう」と言っておられました。

ベートーベンも肉体の耳はきこえなくても、作曲が出来てしまうのです。

私の場合は先に情報の入れ方を知ってしまって、非常に宇宙的な面白いパターンが出てきますので、それをアートで表現しようとしているわけですね。

焼物なども、陶芸家ではないので「焼物モドキ」と言って個展の時に出していますが、絵も焼物も「どうしてこういうアイデアが出てくるのか」とプ口の方がビックリされるのです。

ただただ素直に《真我》からの情報を表現しているだけですから、誰もまだやっていないようなことが表現出来るのですね。

これからは、皆様がこれをお出来になる時がきています。

自分の枠をはずすことが大切

――私は覚える時に書いて覚える方法でずっとやってきたのですが、それが自分に合っていればそれでよいのでしょうか。

覚えようとすること自体が、間違っているのでしょうか。

「書かなくても覚えられるんだ。必要なことはちゃんと入るんだ」というふうに、プログラムを変えればいいのですね。

今までは、「書かなければ覚えられない」というプログラムがしてあったわけです。

それを消して、「書かなくても覚えられるんだ」というプログラムにすればいいのです。

それだけのことです。

自分の思った通りになるのですから、今までプログラムされていたことを変えればいいだけです。

そうすると、ポンと変わります。

簡単なのですよ。

――例えばお礼の葉書とかを書きたいという気持ちが、段々日がたって「書かなければいけないんだけれど、どうしよう」という気持ちになるということは、書かなくてもすむ人だということにもなるのでしょうか。

これから先、みんながテレパシックになっていったら、言葉も活字もいらなくなる時がくると思います。

この辺も本当にどんどん変わってきますから、今までの観念でいたら「えぇっ」というようなことが起こりますので、もっともっと頭を柔らかくして、とにかく枠をはずしておいていただきたいのですよ。

そうしておかれたら、起こってくることに順応《じゅんのう》出来ますからね。

ですからまずは枠をはずしておけば、本質が見えてくるのです。

枠を持っていますと、見えるものも見えなくなってしまいます。

高～い塀をつくってしまって、その外側はどんどん変わっているのに自分だけは相変らず同じパターンをやっていたら、いつかポトンと落とし穴に落ちますから、まずは枠だけはずしておいていただくだけでも結構です。

ところが、その枠をはずすのを皆様恐がられるのですね。

男性の場合はプライドとか色々おありになるので、なかなか枠をはずせない方がおられますね。

また今まで得た知識を、ちょっと手放していただきたいのです。

そうじゃないと、《真我》からの情報が入ってこないですからね。

でもそれを手放すのが、また恐いわけですよね。

私の兄もそうでしたよ。

知識を一度ちょっと横に置くという作業が、最初恐くて出来なかったのです。それでとにかく一瞬だけでもいいから、知識を頭からはずそうとしたのです。そうしたら、《真我》からの情報がいっぱい入ってきました。

色々と得たものをとにかく一度手放しますと、新しいものが入ってくるのですね。

私は手放す必要がなかったと言いますか、最初から知識がありませんでしたから、わりと早く情報が入るようになったのだと思います。

自分の無限の可能性を求めて

――先生のTシャツ・トレーナーやマグカップに描いておられる絵の意味を教えて下さい。

シャツは〔あるがまま〕とプログラムしてデザインしました。

これを着ますと、何となく楽になるのではないかと思います。

とにかく意識が全てをつくっていますから、色々なことがどんどん自分の思い通りに自在に出来るような感じになってくるのですね。

ですから皆様も、どんどん閃きを使っていただきたいと思います。

――マグカップは五種類あるのですが、それぞれ意味が違うのですか。

これは〔この中に入れたものの波動があがって、宇宙と調和のとれたものになる〕という同じテーマで描いています。

ただ、一柄だけじゃなくて、色々種類があった方が楽しいのではないかということで五柄描き出しました。

でも波動はそれぞれ違うようで、五種類全部に入れてお試しになられた方によりますと、多少味に違いが出るようですね。

これに、ものすごく強いお酒を入れますと、ツーンとした刺激がとれてまろやかな味になると言っておられる方もいます。

ですから刺激というのは、宇宙とは不調和なのでしょうね。

宇宙と調和がとれますと刺激的なものはなくなりますから、これからはだんだん地球上から刺激がなくなっていくと思います。

私がこういう絵を描き出した頃は、例えば、宝石の色でしたらクリアーに

することしか出来ないと思っていました。

ところがある時、こういうことが起こったのです。

メノウという石を玄関に置いておられた方が、お家に人の出入りが非常に多いせいか石が曇ってきたので、何とか綺麗なグリーンにならないかと言ってこられました。

それで〔波動があがって、鮮やかなグリーンになる〕とプログラムして紙に描き出して、その上に石を載せておいたのです。

すると二ヵ月くらいしましたら石にボコンとコブが出来てきて、別の部分が陥没してきたのです。

それで私もはじめて「ただ色をクリアーにするだけじゃなくて、もっと色々なことが出来るんだ、色々な現象が出るんだ」ということがわかったのですね。

この石は二年たちましたが、もう絵の上に載せなくてもよいのです。

一度波動を変えたら、変わり続けるのですね。

今はもう、ボコボコになってしまいました。

二ヵ月くらいたった頃に、石の回りにグリーンの粉がふいてきたのです。

宝石鑑定士さんにおききしましたら「石を染めていた染料が、外に出てきている」と言われました。

石が染料を吐き出していたのですね。

人間も針なんか飲んでもちゃんと出す、異物を吐き出す機能を持っていますが、石もそうだったのですね。

二年たちまして、この石はもうグリーンではなくなって、元のグレーのメノウに戻ってしまいました。

どうやら波動があがると、本来の姿になっていくようです。

石の重さを測ったのですが、普通の秤では重さは変わっていないのです。

コブはどんどん大きくなり続けていますが、空気中の何かと化合して大きくなっているわけではないのですね。

単なる変化なのですよ。

絵から出ている波動が石の波動を揺るがして、そして変化が起こっているのだろうと思います。

今までの地球上の常識では、考えられないですよね。

普通は地底で何十年何百年とかかって石は変化すると思われているわけですが、パターンから出ている波動によって、二ヵ月くらいでコブが出たりという変化が起こっているのです。

ですからそれはどういうことかと言いますと、《おおもと》からの波動というのは、いかに強いかということですよね。

地球上の今までの常識を越えた、ものすごく強くて細かい波動なのです。

この石の体験からまた勉強させせられまして、「もっと色々なことが出来るんだ、何でも思い通りに出来そうだ」ということがわかりました。

ですから本当に、私達の《おおもと》は《神》だなぁと思います。

例えばイエス・キリストが、革の袋にミルクを入れて「ワインです」と言われたら、瞬間にワインになったと伝えられていますが、本当に出来たのだと思います。

全て意識がつくり出していますから、全部思い通りになるということを身をもって体験させせられています。

猫にもかなり効きました。

ホルモンのバランスが崩れて、禿げた猫がいたのです。

そして湿疹が出てまして、それを掻きますから、また毛が生えないという悪循環で二年くらいひどい状態でした。

とにかく〔猫の波動があがって、ホルモンのバランスがとれて、湿疹が消えて、禿げている部分に毛が生える〕とプログラムして、サラシに絵を描いて首に巻いておきました。

そうしますと二〜三日で湿疹が消えて、そして産毛が出てきて、三ヵ月程でみっしり毛が生えてきました。

性格も変わってしまうのですね。

ピリピリした猫だったのです。

人間で言いますと、霊媒体質に近いすごくデリケートな猫だったのですが、おっとりして図太くなって、あるがままになってしまいました。

そして、毛の質が全く変わってしまったのです。

モコモコの毛になって、顔も穏やかになりました。

人間もそうなのですよ。

波動がどんどんあがっていきますと、あるがままになってイライラなんかしなくなります。

猫は「ホントかな」と疑ったりしませんから、波動がどんどんあがり続けているのだと思います。

私にさえ、こんなことが出来たのですから、皆様もどんどん《真我・神》を顕現してみて下さい。

波動がどんどんあがっていくということは、《神》に近づいていることですね。

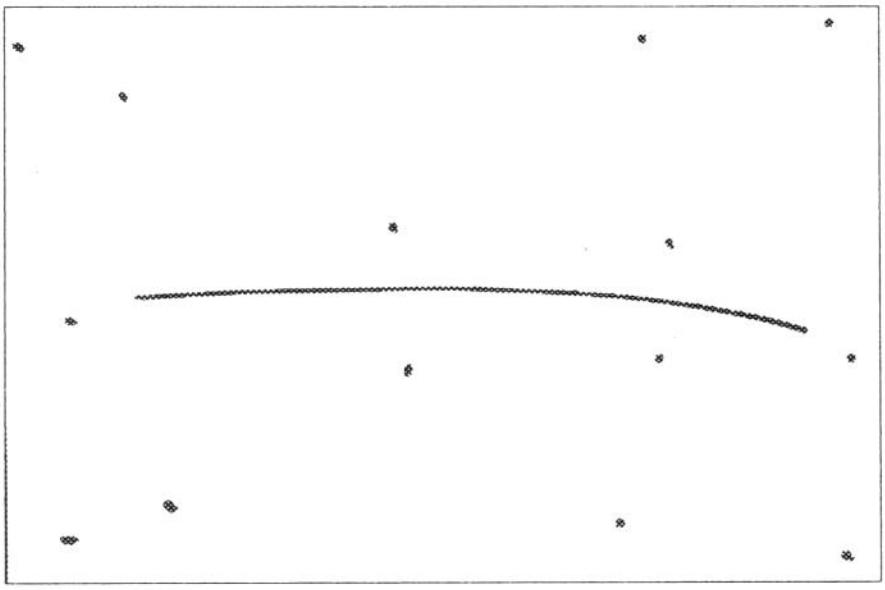

金属が本来の輝きを取り戻すというプログラムで描かれた図

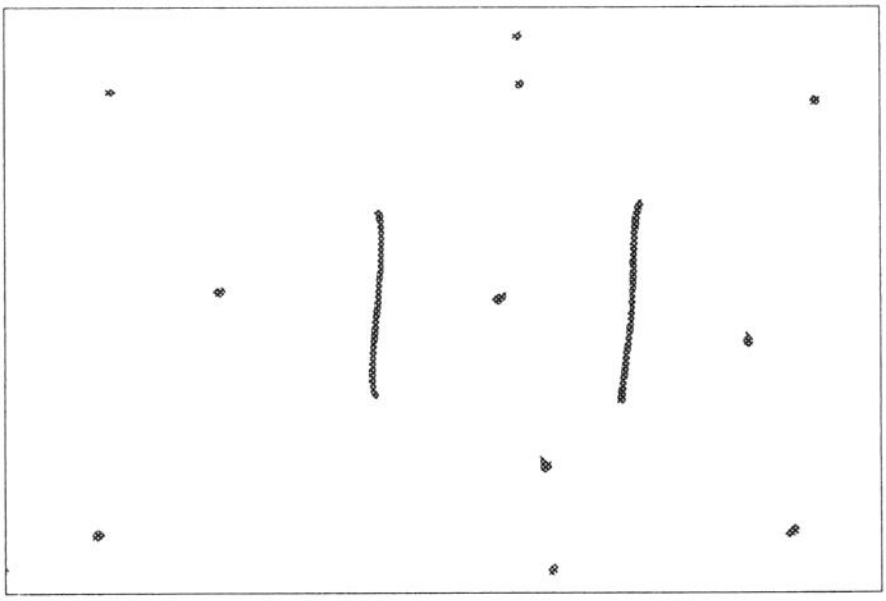

オパールが本来の輝きを取り戻すというプログラムで描かれた図

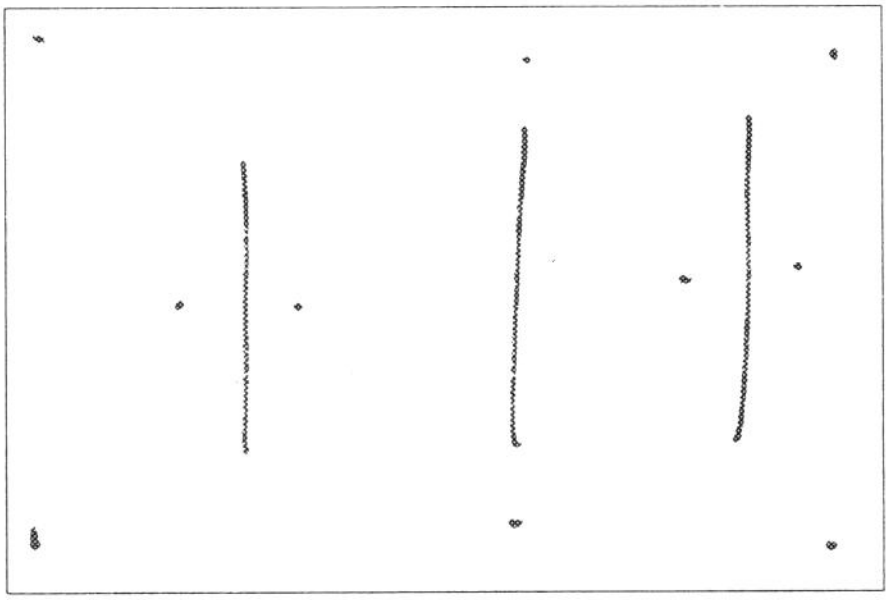

水晶が本来の輝きを取り戻すというプログラムで描かれた図

《神》でしたら何でも出来るはずですから、今まで地球の常識では不可能だと思われていたことでも、どんどん出来るようになってきます。

私はとにかく自分自身でそれを確かめようと、どこまで自分の波動をあげられるか、肉体が消えるまで試し続けたいと思って、波動をあげることを心掛けているのです。

「何でもやれば出来るはずだ」と、色々な方法で《神》を顕現しようと思っています。

もう精神世界の本を読んだりセミナーを受けたりして、フワフワしている時ではありません。

現実の普通の生活の中で《真我》に気づかれて、お仕事やご趣味やお得意の分野で表現されていく方が自然なのです。

皆様が今、現実に生きておられる生活の場で、皆様を必要としていることがありますね。

それを通して《神》を顕現して、生かされていることの感謝や喜びの波動を今、皆様がおられる場所で、表現する時がきています。

無限の可能性を持っておられるご自分を信頼され、勇気を出して表現していって下さいね。

長い間お喋りさせていただきまして、本当にありがとうございました。

皆様に心から感謝いたします。

註1　ダイヤモンドを綺麗にする絵／足立幸子さんは、そのものの本来の姿や性質、例えば輝きなどを取り戻すといったことをインプットし、図形を描いて実験されていました。本書二百二十五ページ参照。

註2　脳波／人間が精神活動をするとき大脳皮質から出る電流。その電流を測るのが脳波計。出ている脳波によって、β波・α波・θ波・δ波にわけられる。単位はヘルツ。β波（十二ヘルツ〜三十ヘルツ）外的な緊張脳波十二ヘルツに近い時は比較的深い思考の脳波だが三十ヘルツに近い方は悩み事やストレスが如実に高い。α波（八ヘルツ〜十二ヘルツ）意識と無意識のはざまの領域。何かに没頭している時、つまり脳が非常に心地好く集中活動している時にこの波が出る。θ・δ波（〇・四〜八ヘルツ）意識下、あるいは無意識の脳波。

註3　吉丸房江／よしまるふさえ。一九三四年福岡県糸島郡前原町に生まれる。小学校と幼稚園の教諭を経験する。二十七歳から三十歳までの間に両親を相次いで癌で亡くし、現代医学への疑問から、東洋医学を学び、老子の思想に触れる。その思想に基づいて、一九七八年、健康道場・コスモポートを開設し、多くの人を健康に導いた実績をつくる。三児の母。著書に『丸くゆっくりすこやかに』『宇宙のリズムで暮らしたい』（共に地湧社）

註4　チャネリング・チャネル／無限に存在する異次元の現実から情報を得るプロセス。チャネリングは文筆、話し言葉によるコミュニケーション、芸術活動、作曲、また、他のあらゆる創造的活動を通しても行われる。

註5　バシャール／バシャールは、アメリカ人のダリル・アンカ氏のチャネリングによって現れるパーソナリティー。バシャールは、オリオン星の近くの、我々の三次元からは見ることのできない惑星エササニ

の宇宙船操縦士であり、惑星にいるよりも船中にいることの方が多い。近年ダリル・アンカ氏の他にチャネリングでバシャールを呼び出せる人たちが出てきている。

註6　MRA／アメリカのロナルド・ウェインストック氏の発明した共鳴磁場分析器のこと。人体やもののあらゆる固有の振動を分析しパターンとしてとらえることのできる装置。

註7　カタカムナ／『カタカムナ文献』のこと。楢崎皐月（ならさきこうげつ）という天才的な科学者が入手し、解読に成功した古文書。カタカムナ人と呼ばれる日本人の祖先が、直観で宇宙の構造やしくみを捉え、それをカタカムナ図象符と呼ばれる独特の図形で書き記されている。

註8　フーチ／中国のコトバで神の占いという意味。最近日本でよく使われているフーチの意味はペンジュラム（振り子）による探知術のことをさしている。

註9　オーリングテスト／現在ニューヨーク心臓病研究センターの所長である大村恵昭医学博士が発見された方法。利き腕の親指と他の指でO（オー）をつくって他の人にその力を測ってもらい、反対の方の手にいろいろなものを載せるか触り、自分の体に悪いものなら、そのO（オー）の力が弱まり、良いものなら力が強くなるという現象。その現象を応用していろいろなことが測定できる。

註10　エネルギーグッズ／この場合のエネルギーとは、気功の気エネルギーとか宇宙エネルギーのことをいう。この種のエネルギーは、形状や色や素材によって集められ生じるといわれている。その原理を応用し、開発されたもの。例：水晶パワー。ピラミッドパワー。

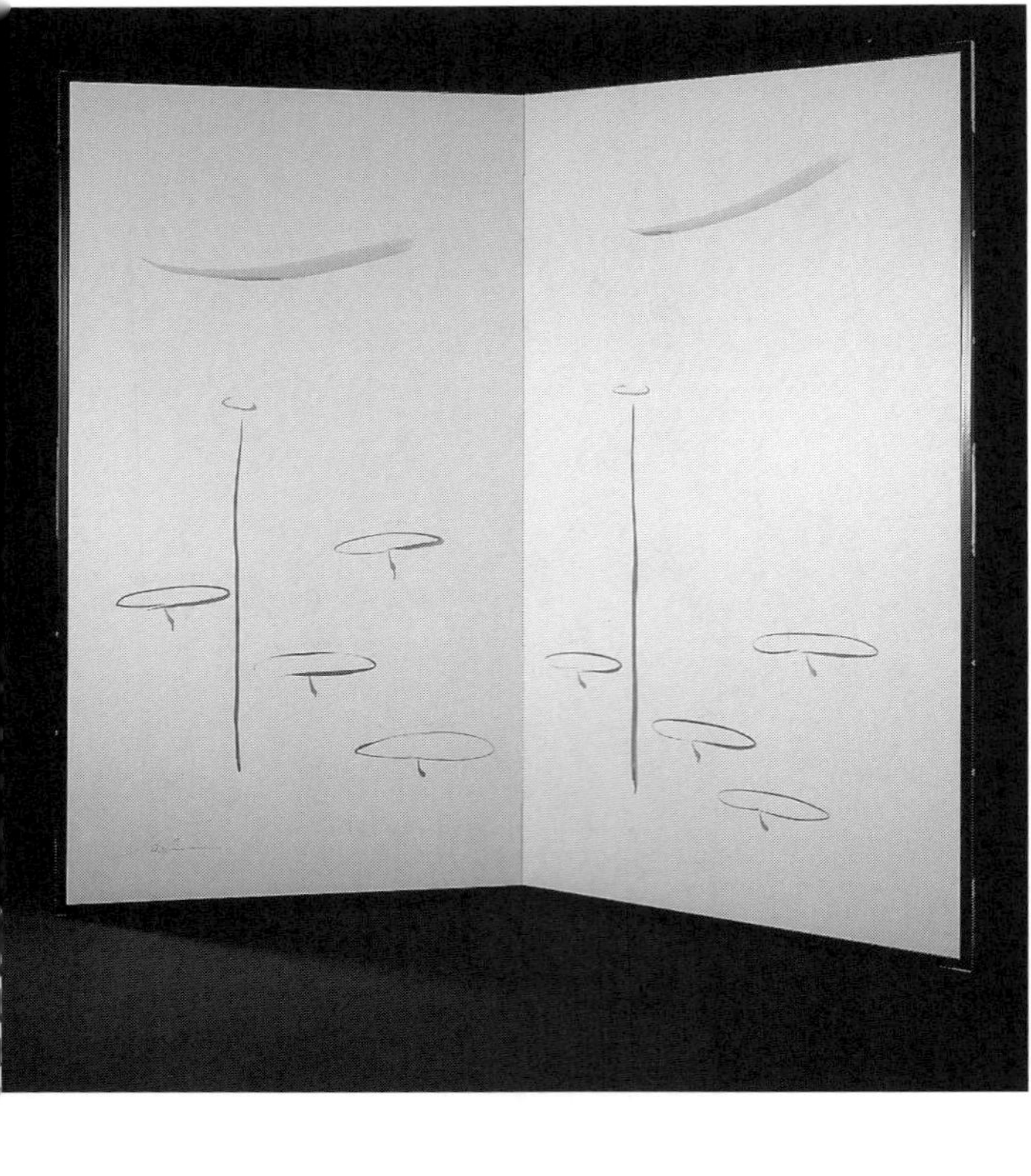

あとがき

この本は生前、妹幸子が素晴らしい方々にお会いし、多勢《おおぜい》の人々から多大な御支援をいただいていた中のお一人でありました、（株）中村菌化学研究所専務の中村弘和さん・裕佳子さん御夫妻及中村ハジメ事務所の中村肇さんの全面的な御好意により実現したものでございます。

およそ今から十年程前に妹と私はほぼ同時期に宇宙の全ての現象が波動の組合せで成立していることを直観し、彼女はその波動をキャッチしてアートで表現することを、そして私はそれを科学的（デジタル及アナログ的）に情報を得て伝えることを互いに決心してスタートしました。

生来、末《すえ》っ子の妹は行動的で、我がままに生き、いつの間にかそれを超越して、在るがままに行き着き、更に《究極の宇宙意識とは?》をテーマにアートで画《えが》きって、早《はや》々とボディを置いて帰星してしまいました。

常日頃、彼女は、今回で地球人として、肉体を持ってのスタディを終え、役割を終わらせたら、自分の星（プレアデス星団のタイゲタ星）へ戻って、より大きな役割をしたいと申しておりましたが、正にそれを実行してしまった様です。

私としましては、兄妹とか人間とかという意識を越えて、本質の魂の同志として、敬愛していた彼女のメイン活動の一つであった講演をこんなに忠実にしかも、生々《いきいき》と素敵な本に仕上げて下さった事に心より感謝申し上げます。そしてこの本の振動波を一人でも多くの方々に、一時《いっとき》も早くお伝えすることが急務であることを痛感いたしております。

本当にありがとうございました。

一九九四年三月二十一日

形態波動エネルギー研究所

足立育朗

足立幸子さんに関するお問い合わせ

（株）ワールドハーモニー・テラ

足立幸子さんと共に掲げた企業理念『日常生活に必要な品を通して、御客様の意識を高め、宇宙と調和のとれた繁栄に貢献する！』に基づき、アーティスト足立幸子デザインによる各種製品の企画及び卸・小売をしており、ショウルームでは原画やリトグラフ、オリジナル製品、DVDなどをご鑑賞いただけます。アート・空間を通して宇宙の壮大な波動をゆったりと味わい、"あるがまま"の世界を観じていただくことができれば幸いです。

お問合せ：(株)ワールドハーモニー・テラ
〒700-0824　岡山県岡山市北区内山下1－10－16
TEL：086-234-9790　FAX：086-226-0834
URL：http://www.wh-tera.com
E-mail：info@wh-tera.com
※JR岡山駅東口より路面電車にて「東山」行きご乗車約5分、
「県庁通り」電停下車、徒歩約5分。

作品展示等：

ギャラリー・三井堂（岐阜/高山）
FAX 0577-36-3337 E-mail：mituido@io.ocn.ne.jp

シンデュウ（SINDHU）（静岡）
FAX 054-272-0332 E-mail：office@sindhu.jp

スペースSachi（東京/町田）
FAX 042-724-1886 E-mail：m-muto@cielo.gr.jp

エンゼル・サチの会

足立幸子の作品・絵本・DVD（コンシャスネス）に関するお問い合わせの方は、
エンゼル・サチの会までご連絡下さい。

問い合わせ先：エンゼル・サチの会
〒263-0053　千葉県千葉市稲毛区柏台1－1－101
TEL＆FAX　043-252-4662

本書は、1994年6月20日に形態波動エネルギー研究所より初版が刊行され、1994年10月3日に七賢出版株式会社より刊行されたものを改訂し再刊行したものです。

SACHIKO ADACHI

あるがままに生きる

●

2009年8月26日　初版発行
2023年10月8日　第15刷発行

著者／足立幸子

Design／Nakamura Hajime Office
中村　肇

監修／形態波動エネルギー研究所

発行者／今井博樹

発行所
株式会社ナチュラルスピリット
〒101-0051　東京都千代田区神田神保町3-2
高橋ビル2階
TEL 03-6450-5938　FAX 03-6450-5978
E-mail　info@naturalspirit.co.jp
ホームページ　https://www.naturalspirit.co.jp/

印刷所／モリモト印刷株式会社

ISBN978-4-903821-53-5　C0211

『あるがままに生きる』の英語版
（ペーパーバック）

Price: $14.95

amazon.com、amazon.co.jp等でお求めになれます。

To Live As We Are

FREEING THE MIND FOR
TRUE SELF EXPRESSION

SACHIKO ADACHI
Translated by Mayumi Mori
Edited by Liane Wakabayashi
with Aruna Byers